AF452735

Paris,   janvier 1885.

M. Jules Garnier, dans une lettre en date du 28 juin 1884, adressée à M. le Ministre des Travaux publics, a exposé son système de chemin de fer urbain et sollicité la concession du **Chemin de Fer Métropolitain de Paris.**

Depuis cette date, M. Jules Garnier a obtenu l'appui de financiers et d'établissements de construction de premier ordre, qui ont formé un groupe, lequel a demandé à nouveau à M. le Ministre des Travaux publics, la concession dudit chemin de fer Métropolitain, s'engageant à le terminer en entier en deux ans, c'est-à-dire bien avant l'ouverture de l'Exposition de 1889.

AVANT-PROJET

D'UN CHEMIN DE FER

AÉRIEN

AVANT-PROJET

D'UN

CHEMIN DE FER AÉRIEN

A VOIES SUPERPOSÉES

A établir sur les grandes voies de Paris

SYSTÈME BREVETÉ S. G. D. G.

PAR

JULES GARNIER

INGÉNIEUR CIVIL

———◆———

PARIS

IMPRIMERIE ET LIBRAIRIE CENTRALES DES CHEMINS DE FER

IMPRIMERIE CHAIX

SOCIÉTÉ ANONYME AU CAPITAL DE SIX MILLIONS

Rue Bergère, 20

1884

TABLE DES MATIÈRES

AVANT-PROJET

CHEMIN DE FER AÉRIEN

A VOIES SUPERPOSÉES

A établir sur les grandes voies de Paris

SYSTÈME BREVETÉ S. G. D. G.

AVANT-PROPOS

L'idée de superposer les voies de chemins de fer, dans le but d'obtenir des constructions plus économiques et de restreindre la place occupée par un ensemble de voies, n'est pas nouvelle, d'après les recherches auxquelles nous nous sommes livré depuis que nous y avons pensé nous-même. Nous n'en citerons qu'un exemple, d'après le docteur Winkler, mais il est très complet, et étudié pour la ville de Montréal, qui est, comme on sait, la métropole du commerce dans l'Amérique anglaise.

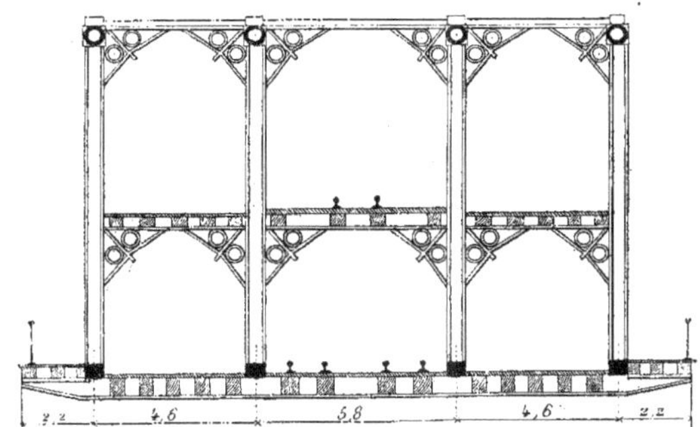

Tablier a voies superposées
du pont du roi Albert
sur le fleuve St Laurent a Montréal (Canada).

Il s'agissait à Montréal de circuler sur des routes aux abords d'un des bras du fleuve Saint-Laurent et de faire franchir le bras lui-même, non seulement aux voies de chemins de fer, mais encore aux voies-charretières. Le croquis ci-joint montre la disposition proposée à Montréal ; on y remarque quatre poutres principales qui portent deux étages de rails. Entre les deux poutres du milieu sont situées des voies simples et doubles superposées ; entre les fermes du milieu et celles extrêmes se trouvent quatre routes superposées deux à deux ; de plus, latéralement à chacune des voies inférieures, se trouve encore disposé, sur des consoles, un chemin pour piétons.

Nous ne connaissons pas le système proposé pour la jonction, en un point donné, des diverses voies ainsi superposées ; mais la ville de Montréal est un entrepôt d'où partent des quantités énormes de marchandises par le Saint-Laurent pendant l'été, et l'on sait que les cinq lignes de chemins de fer principaux qui y aboutissent communiquent entre elles, dans les docks et sur les quais, par l'intermédiaire d'une ligne continue de rails qui est établie le long de toute la ville. — Bien plus, les tramways, qui comportent quatre lignes principales, ont des voies à l'écartement normal et calculées pour que les wagons du chemin de fer y puissent circuler la nuit, comme nous l'avons prévu dans notre projet pour Paris.

L'adoption du principe de la superposition des voies dans une ville aussi mouvementée que l'est Montréal, surtout à l'époque de l'expédition des grains, nous confirme dans l'idée que ce système est applicable à Paris, avec cette différence que, dans notre grande cité, l'échelle est plus grandiose et que la solution complète de la question y soulève plusieurs problèmes nouveaux qu'il nous a fallu résoudre.

Nous rappellerons encore que d'autres inventeurs, MM. Milinaire frères, ont fait breveter une disposition qui peut être considérée comme une variante. Leur invention vise un tablier métallique à deux voies superposées, que ces voies soient ferrées ou charretières ; toutefois, ce tablier se distingue de celui de Montréal et du nôtre en ce sens, qu'arrivé aux deux terminus de leur tablier, le matériel roulant, au lieu de suivre des rampes, passe d'une voie sur l'autre ou d'une route sur l'autre au moyen « d'ascenseurs ou d'élévateurs actionnés de toute façon convenable ».

Ce dispositif, pas plus que celui de Montréal, ne paraît entièrement répondre aux éléments du problème, surtout à Paris, où les tracés imposés se croisent en divers points et où les trains, devant se succéder très rapidement à certains jours et à certaines heures, doivent encore suivre un circuit continu, et non pas, comme dans le projet Milinaire, s'arrêter pour s'élever wagon par wagon, ou train par train. Ce dernier projet est muet d'ailleurs sur la façon de retourner la locomotive, après qu'on l'a changée de voie : il y aurait donc encore dans le mouvement de rotation indispensable une autre perte de temps.

Dans nos projets brevetés, nous croyons être allé au-devant de toutes les difficultés qui peuvent se présenter dans l'établissement d'un réseau, même très compliqué, d'un chemin de fer dont les voies sont superposées ; nous avons même encore élargi la question en ne nous limitant pas à un tablier à deux voies superposées et en admettant qu'on soit conduit à installer un plus grand nombre de voies superposées si les besoins du trafic l'exigeaient.

En résumé, nous nous sommes appliqué à chercher une disposition de tablier aussi légère d'aspect que possible et présentant par la forme spéciale des appuis toute la stabilité désirable. Nous résolvons simplement la question du croisement des tracés, sans faire courir le moindre risque aux voyageurs ; enfin nous obtenons, par une disposition particulière, la continuité du circuit, c'est-à-dire le passage d'un train d'une voie sur l'autre, sans provoquer aucun arrêt des trains ou aucun changement dans leur organisation ou leur allure.

Paris, le 12 décembre 1884.

Jules GARNIER.

INTRODUCTION

La question de l'établissement d'un réseau de chemins de fer dans Paris est ouverte, comme on le sait, depuis 1871. Pendant cette période, de près de quatorze ans, ce grave sujet a donné lieu, à diverses reprises, à de sérieuses discussions auxquelles ont pris part les ingénieurs les plus compétents, et de nombreux projets, relatifs à la solution qu'elle réclame, se sont produits.

On serait en droit, d'après cela, de supposer que tout a été dit sur la question, que la lumière est faite sur tous les points et qu'il n'y a plus qu'à se mettre à l'œuvre.

Les choses, cependant, ne nous paraissent pas aussi avancées.

Le problème à résoudre est des plus complexes et les ingénieurs qui l'ont étudié n'ont pu se mettre d'accord que sur un petit nombre de points ; on peut même dire que l'accord unanime n'existe que sur un seul point, à savoir : *Que les moyens de locomotion dans Paris ne répondent plus aux besoins du public et qu'il y a lieu d'en créer d'urgence de nouveaux.* La question capitale, celle de savoir si le chemin de fer à créer doit être établi en dessous ou en dessus du sol, n'est pas encore élucidée, car, jusqu'ici, aucun projet ne s'impose dans un sens ou dans l'autre.

Tandis que les uns préconisent la solution avec souterrain comme étant la seule qui permette, sans nuire à la circulation dans les rues, d'établir un chemin de fer à double voie pouvant donner passage au matériel roulant ordinaire et pouvant se raccorder directement avec les grandes lignes ; les autres, objectant qu'un tel chemin de fer ne saurait donner satisfaction aux goûts des habitants de Paris et qu'il nécessiterait des travaux en disproportion avec les avantages qu'on en retirerait, concluent à l'adoption de la voie à ciel ouvert comme étant la seule admissible.

Les préférences générales sont évidemment acquises à cette dernière solution, mais les projets qui ont été présentés jusqu'ici pour sa réalisation, bien que très étudiés, paraissent ne pas avoir satisfait, d'une manière assez complète, à toutes les exigences de la question pour rallier la majorité des suffrages des hommes compétents.

Quant au public, pris en masse, sur lequel, en résumé, doivent peser les charges et les inconvénients de cette œuvre nouvelle, c'est à peine s'il connaît la question et ce n'est guère qu'au moment où les Assemblées parlementaires seront appelées à se prononcer sur les conditions de la concession de l'entreprise qu'il pourra se faire une opinion.

En présence de cette situation, à la veille de prendre une décision, l'État et la Ville doivent se trouver, à bon droit, hésitants sur le choix du système auquel il convient de donner la préférence.

Ayant étudié dernièrement une nouvelle solution de la question, il nous a paru que, dans ces conditions, nous pouvions encore la présenter utilement.

Les avantages de notre système peuvent s'apprécier rapidement et ils nous semblent assez importants pour attirer toute l'attention ; nous nous sommes donc mis à l'œuvre avec la confiance que, dans le cas où notre solution serait reconnue préférable aux autres, le gouvernement aurait jusqu'au dernier moment à sa disposition les moyens de la faire adopter.

I. — DISPOSITION DE LA CONSTRUCTION

Notre système est relatif à un chemin de fer à voies aériennes, pouvant être établi dans toutes les grandes artères de la capitale.

Il se caractérise par les points fondamentaux suivants :

1° La voie d'Aller et celle de Retour, au lieu d'être placées l'une auprès de l'autre, sur la même plate-forme, comme dans un chemin de fer ordinaire à deux voies, sont superposées sur deux plate-formes distinctes, formant un viaduc, lequel est, en conséquence, disposé de façon à permettre l'installation d'une des voies à sa partie inférieure, et de l'autre à sa partie supérieure;

2° Le système de construction du viaduc est combiné de façon à pouvoir donner passage sur une voie au matériel des grandes lignes, pendant l'arrêt des trains de l'exploitation urbaine;

3° Les deux voies se raccordent aux extrémités d'un parcours au moyen d'une boucle présentant la déclivité voulue pour racheter la différence de niveau des deux voies, boucle qui est, par ailleurs, d'un rayon suffisamment grand pour que la pente de la voie reste dans les limites admises. Les trains ont ainsi une circulation ininterrompue.

4° Lorsque deux lignes de directions différentes se coupent, une disposition spéciale permet aux voyageurs de passer d'une ligne sur l'autre au moyen d'une gare, dite de « tangence », sans que les trains d'une ligne traversent les voies de l'autre; disposition qui a pour but d'éviter les accidents auxquels donnerait inévitablement lieu la traversée des voies par les trains d'une ligne transversale;

5° Le matériel roulant est disposé d'une façon spéciale, permettant d'opérer l'entrée et la sortie des voyageurs dans les trains avec une grande promptitude et de disposer d'une puissance de transport suffisante.

Dans les avenues ordinaires, comprenant une chaussée et deux trottoirs, le viaduc à voies superposées est placé dans l'axe de la chaussée à une hauteur suffisante pour ne pas gêner la circulation des voitures; soit, au minimum à 4^m,50 au-dessus de la chaussée, tandis que, dans les avenues ou boulevards de très grande largeur, comportant des contre-allées à double rang d'arbres, il est installé dans l'une des contre-allées.

Dans le premier cas le viaduc est complètement métallique, tandis que dans le second, il comprend un soubassement, formé d'une succession d'arceaux en maçonnerie, surmonté d'une superstructure métallique.

Les croquis ci-dessous représentent la coupe transversale de l'un et l'autre type de viaduc et permettent de se rendre exactement compte de la disposition de chacun d'eux.

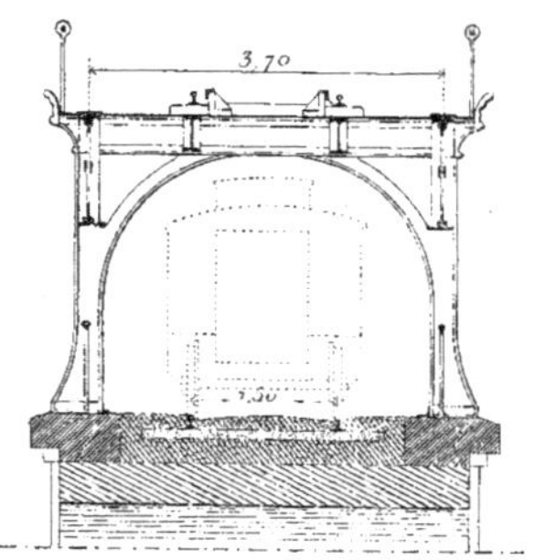

Viaduc mixte
en fer et maçonneries

Fig. 2

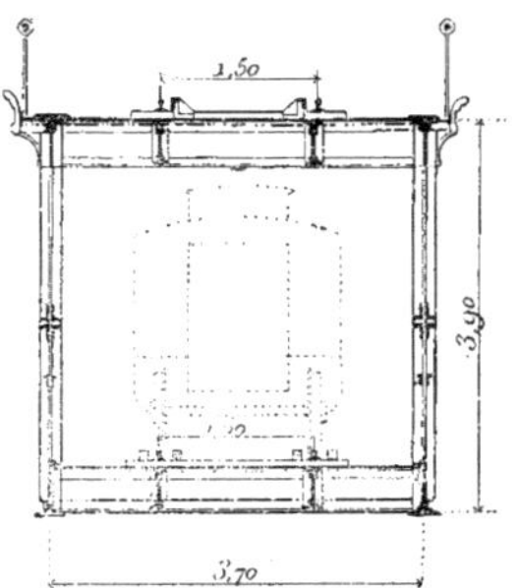

Viaduc
complètement métallique

Fig. 1

La figure 1 se rapporte à la coupe du viaduc métallique.

La voie B inférieure se trouve renfermée entre les deux poutres A A de ce viaduc, tandis que la voie supérieure C passe au-dessus.

Les deux voies sont projetées à la largeur normale de $1^m,50$ et les poutres sont écartées entre elles de $3^m,70$ d'axe en axe.

Cet écartement est suffisant pour permettre la circulation des personnes de service, sur toute la longueur de la voie inférieure, pendant la circulation des trains. En comptant sur des wagons de $2^m,05$ de largeur totale, il reste, en effet, de chaque côté, un passage entièrement libre, entre le train et les poutres, de $0^m,70$.

La voie supérieure est bordée de garde-corps, lesquels sont nécessaires pour assurer la sécurité des personnes que leur service appelle à circuler sur cette voie.

Ces garde-corps sont très légers et sont supportés par des consoles formant encorbellement sur les poutres, ils sont placés à l'écartement de $4^m,50$, qui est celui adopté pour les ponts des grandes lignes.

La figure 2 se rapporte au viaduc mixte en fer et maçonnerie.

Dans ce type de viaduc, la voie inférieure est installée directement sur le soubassement en maçonnerie, et la voie supérieure est supportée par la charpente métallique qui le surmonte.

Les dimensions du viaduc, qu'il soit d'un type ou de l'autre, sont déterminées en prévision de l'emploi pour l'exploitation urbaine, d'un matériel relativement léger et de la succession des trains à de courts intervalles.

La puissance du matériel roulant est, du reste, fixée par la condition précise que les trains, avec leur maximum de charge, ne donnent, sur chaque voie, qu'une surcharge égale à la moitié de celle admise pour les ouvrages analogues des grandes lignes.

Dans ces conditions, le viaduc aura, pour supporter les deux voies du Métropolitain, exactement la résistance qui convient pour supporter une seule voie de grande ligne ; d'un autre côté, la voie supérieure étant complètement découverte, il en résulte qu'on pourra raccorder utilement cette voie aux grandes lignes qui aboutissent dans Paris et y faire passer le matériel de ces dernières pendant les arrêts de la circulation des trains du Métropolitain.

C'est là évidemment un avantage précieux qui se trouve obtenu sans apporter aucun trouble aux dispositions obligées de la construction.

Nous avons dit que dans les avenues ordinaires le viaduc était complètement métallique et placé dans l'axe de la chaussée de l'avenue à parcourir. Viaduc métallique.

Comme c'est ce type de viaduc qui correspond à la majeure partie du réseau que nous avons projeté, nous l'avons seul représenté en détail sur les dessins annexés à ce rapport, et nous en donnons ci-après une description détaillée.

Les planches 1, 2, 3, 4 et 5 en donnent une idée très complète.

Il est formé de travées indépendantes, c'est-à-dire, de travées dont les poutres se placent bout à bout, sur un même appui, au lieu d'être continues.

La hauteur libre, comprise entre le niveau de la chaussée et le dessous des poutres, variera suivant ce qu'exigera le profil en long de la voie du chemin de fer rapporté à celui de la chaussée. Elle sera, au minimum, comme nous l'avons déjà dit, de $4^m,50$.

La nécessité d'assurer la libre circulation sur la chaussée impose l'obligation d'écarter largement les appuis des poutres du viaduc ; nous les avons placés, en moyenne, à 40 mètres.

Nous ferons remarquer que cet écartement, qui s'impose, exige, pour le viaduc, des poutres d'environ 4 mètres de hauteur, dimension qui se trouve très heureusement correspondre à celle qui est nécessaire pour la superposition des deux voies.

La largeur des piles dans le sens transversal de la rue sera au maximum de 2^m,40 et leur épaisseur, dans le sens longitudinal, de 0^m,60. Elles seront protégées contre le choc des voitures par un refuge dont les dimensions ne dépasseront guère celles des refuges installés actuellement sur les boulevards pour faciliter leur traversée aux piétons.

Nous avons placé le viaduc au milieu de l'avenue à parcourir et non sur l'un des côtés de la chaussée ou au-dessus de l'un des trottoirs, pour plusieurs motifs : avec cette disposition, on conserve la symétrie de l'avenue, et on laisse intacts les deux rangs d'arbres qui bordent la chaussée, qu'on ne saurait toucher sans nuire à l'aspect. Enfin, comme le viaduc se trouve, de cette façon, situé à 15 mètres des façades des maisons, dont il est séparé par deux rangs d'arbres, on est certain de ne porter aucun préjudice aux immeubles situés sur le parcours.

Détailsdeconstruction des poutres du viaduc En se reportant à la *planche 2*, on observera que la paroi des poutres que nous avons représentées est largement évidée, elle est formée d'un treillis du système triangulaire simple. Nous préférons ce mode de construction à tout autre, parce que c'est celui qui donne les plus grands évidements et qui, par conséquent, masque le moins ; de plus il satisfait à une condition de perspective qui, dans la circonstance, n'est pas à négliger.

Avec cette disposition, on évite, en effet, l'enchevêtrement de lignes qui se présente à l'œil, par la projection de l'une des poutres sur l'autre, lorsqu'on regarde obliquement un pont à treillis dont les barres ont des croisements multiples.

En regardant les poutres en face, elles présenteront l'aspect indiqué par le dessin. Lorsqu'on les apercevra obliquement, la poutre du devant se projetant sur celle opposée, ne pourra donner lieu qu'à l'image d'un croisement de deux barres et l'aspect que présentera l'ouvrage, vu de cette façon, sera encore correct.

Enfin, comme détail d'arrangement, nous ferons remarquer que les voies sont couvertes par un plancher en tôles continu qui s'opposera à la chute de tout objet, d'une part, de la voie supérieure sur la voie inférieure, et, d'autre part, de la voie inférieure sur la rue.

Toutes les barres composant le viaduc seront *raidies* par de fortes nervures de façon à éviter les vibrations désagréables qui se produisent dans les constructions de ce genre étudiées sans tenir compte de cette considération pratique. Une autre cause d'atténuation du bruit provient de ce fait, que les barres placées dans une même direction n'étant pas rencontrées par celles de l'autre direction, ne pourront *marteler* l'une sur l'autre par l'effet des vibrations.

Des contre-rails, formés de longrines, existeront sur toute la longueur des voies. Ils ont pour but de s'opposer à ce que, pour une cause ou pour une autre, la roue puisse quitter le rail.

Nous avons dit que les travées étaient indépendantes ; cette disposition s'explique d'elle-même : elle a pour but, d'une part, de parer aux effets de la dilatation, et d'autre part, de permettre au viaduc d'affecter la forme polygonale aux endroits où la voie est en courbe ou en rampe.

Les piles métalliques supportant les travées sont détaillées sur les *planches 2* et *4*, ainsi que leurs fondations. **Piles métalliques.**

Nous avons cherché à donner à ces éléments importants une grande stabilité, tout en leur conservant un aspect léger, en harmonie avec le restant de la construction.

La forme que nous avons prévue se prête aussi, croyons-nous, à l'addition facile de motifs architectoniques décoratifs.

Ainsi que nous l'avons déjà dit, le corps de la pile n'a que $0^m,60$ d'épaisseur, dans le sens de la longueur du viaduc, tandis qu'il a $2^m,40$ de largeur dans le sens transversal. Cette largeur est divisée par un évidement intérieur en forme d'arceau, en deux pilastres, qui sont fortement reliés par des diagonales, comme le représente le dessin (1).

Cette pile métallique repose sur sa fondation en maçonnerie, par une large base composée de pièces longitudinales et transversales, dissimulées sous le sol, qui lui assurent une très grande stabilité.

Par suite de la position qu'occupe le viaduc, il arrivera, dans les avenues où l'égout se trouve placé dans le milieu de la chaussée, que la fondation des piliers le rencontrera en plein. **Fondation des piles.**

Nous avons prévu ce cas et nous avons résolu la question sans toucher aucunement à l'égout.

La disposition que nous avons projetée est représentée par la *planche 1*.

La base métallique de la pile s'appuie sur deux pieds-droits construits à droite et à gauche de la voûte de l'égout, lequel passe entre eux et reste ainsi intact.

Nous pourrons donc éviter de toucher aux canalisations souterraines

---

(1) En adoptant ces dimensions, nous avons pensé que le rectangle de $2^m,40$ sur $0^m,60$ qu'occupent les piles tous les 40 mètres, sur des avenues qui ont 30 et 32 mètres de largeur, ne pouvait constituer un obstacle appréciable à la circulation des voitures. Du reste, l'expérience en est faite par les refuges que l'on a créés sur toutes les grandes voies pour faciliter le passage des piétons.

et, par suite, nous serons à l'abri de l'aléa et des sujétions que comporterait toute modification apportée à ces ouvrages.

Sur les avenues où il existe des tramways, on sera forcé de déplacer celle des voies qui se trouve la plus rapprochée du milieu de la chaussée, pour l'établir du côté opposé, symétriquement à l'autre. C'est là, la seule retouche aux dispositions existantes qu'entraîne notre projet.

Disposition du viaduc à la traversée d'un carrefour. Un viaduc complètement métallique, comme celui que nous venons de décrire, s'il régnait sans interruption, sur plusieurs kilomètres de longueur, serait assurément très monotone d'aspect ; comme, d'un autre côté, on apercevra de loin, par les rues transversales, les parties du viaduc qui franchissent les carrefours correspondant à ces rues, nous avons été conduit à faire varier la disposition et l'aspect de la construction en ces points.

Le double but que nous avons voulu atteindre par là a été de rompre la monotonie des lignes du cours et d'améliorer l'aspect de ces parties de l'ouvrage qui sont placées plus en vue que les autres.

La *planche 5* représente la disposition que nous proposons pour ces points spéciaux :

Les piles supportant la travée franchissant le carrefour, au lieu d'être en métal, seraient en maçonnerie, ce qui leur donnerait un aspect moins grêle et plus décoratif. Elles seraient, en quelque sorte, les culées des parties courantes du viaduc. On les disposerait encore symétriquement de chaque côté de l'axe de l'avenue ou de la rue transversale, mais de façon qu'elles soient visibles de divers points de la largeur de ladite artère transversale, sans toutefois que leur présence puisse nuire à la circulation des voitures.

Ces piles, surmontées d'un avant-corps s'élevant jusqu'à la hauteur de la voie supérieure et masquant la jonction des poutres des travées qui y aboutissent, supporteraient chacune un grand candélabre à 3 lanternes et seraient décorées d'écussons aux armes variées et traitées, dans toutes leurs parties, pour produire avec la travée métallique spéciale qui les sépare un puissant effet architectural. Cette disposition spéciale n'existerait pas, bien entendu, à toutes les rencontres des rues transversales; les points où on l'adopterait seraient choisis de façon à fractionner le viaduc par longueur de 400 à 500 mètres. La position de ces piles devrait d'ailleurs être combinée en ayant égard à la position des stations, qui, elles aussi, forment des points spéciaux produisant des effets analogues pour le fractionnement du viaduc.

Nous ne nous sommes pas attaché dans notre étude à traiter les détails de la partie décorative de l'ensemble du viaduc ; cette décoration devra, en tout cas, se trouver toujours en harmonie avec les quartiers traversés.

Pour terminer cet aperçu des dispositions du viaduc, il nous reste à indiquer comment se fera, aux points terminus d'un parcours, le raccordement d'une voie à l'autre.

Comme on le sait, il ne peut y avoir complète sécurité, sur un chemin de fer donnant passage à des trains très fréquents, qu'à condition que, sur une même voie, les trains circulent toujours dans le même sens et qu'il n'y ait ni aiguillage, ni croisement, ni obstacle d'aucune sorte sur le parcours ; de là l'obligation que chaque ligne forme par ses deux voies un circuit continu.

Nous réalisons très simplement cette condition en raccordant nos deux voies aux extrémités de la ligne par une rampe, affectant en plan la forme d'une boucle circulaire, raccordée tangentiellement avec chacune des voies.

Le croquis ci-dessous permet de se rendre compte de cette disposition.

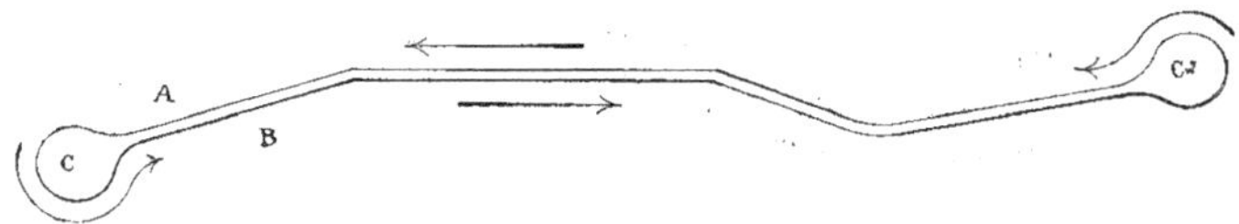

Les deux traits A et B représentent les deux voies ; ces deux traits au lieu d'être superposés sont tracés l'un à côté de l'autre pour la clarté de la figure. Si A, par exemple, représente la voie inférieure, la boucle C se développe en rampe pour se raccorder à la voie supérieure ; tandis, au contraire, que la boucle C', de l'extrémité opposée, se développe en pente pour revenir à la voie inférieure.

Remarquons que la hauteur à racheter n'étant que de $3^m,60$, ces boucles n'ont pas besoin d'un grand diamètre pour donner le développement nécessaire. En leur donnant 35 mètres de rayon, la rampe ne sera que de $0^m,016$ par mètre.

Le passage d'une voie à l'autre ayant, évidemment, toujours lieu à petite vitesse, la faible courbure de ces boucles sera tout à fait sans inconvénient. Elles pourront être avantageusement construites en maçonnerie.

Ces raccordements, comme on le voit, ne présentent aucune difficulté, et nous ajouterons qu'ils forment une des parties essentielles de notre projet.

II. — MATÉRIEL ROULANT

L'enchaînement naturel de l'exposé de notre projet nous conduit à parler ici du matériel roulant dont nous comptons faire usage.

Les parcours que nous avons prévus ne comportent que des courbes de grand rayon; sauf, cependant, à certains points spéciaux, dont il sera question lorsque nous parlerons du tracé des lignes qui doivent entrer dans le réseau. Dans tous les cas, nous avons prévu un matériel roulant pouvant passer sans ralentir dans des courbes de 100 mètres.

Wagons. Nous comptons employer de longs wagons, du type américain, montés sur avant et arrière train articulés.

La largeur de ces wagons serait de $2^m,05$ à l'extérieur; leur longueur totale serait de 14 mètres.

La division intérieure comprendrait deux rangs longitudinaux de banquettes, séparée par un passage.

Les banquettes auraient $0^m,45$ de largeur et le passage $1^m,10$; l'entrée et la sortie des voyageurs se ferait par une porte ménagée à chaque extrémité du couloir central.

Chaque wagon ainsi disposé contiendrait 60 places.

On pourrait trouver une division intérieure du wagon un peu plus avantageuse au point de vue du nombre des places, mais nous ne jouirions pas alors de divers autres avantages : ainsi, d'une part, ce type se prête mieux que tout autre à la disposition que nous indiquons plus loin pour faire monter rapidement les voyageurs dans le train et les en faire descendre; d'autre part, il permet d'établir le plancher du couloir immédiatement au-dessus des essieux et, par conséquent, de réduire la hauteur totale de la voiture d'une quantité presque égale au rayon des roues.

A l'aide de cette disposition, nous pouvons faire passer sur la voie intérieure de notre viaduc, avec une hauteur disponible qui n'est que de $2^m,90$ au-dessus du rail, des voitures spacieuses présentant une hauteur complètement libre de $2^m,10$ à l'aplomb du couloir.

Plates-formes pour l'entrée et la sortie des voyageurs. Pour faire monter et descendre rapidement les voyageurs et réduire la durée des arrêts aux stations à son minimum, sans avoir à craindre d'accidents, nous nous proposons de faire usage du moyen suivant qui a déjà été appliqué avec succès à New-York, d'une manière analogue (1).

Entre deux voitures successives, on intercalerait une plate-forme bordée sur les deux côtés longitudinaux d'une grille ouvrante. Cette plate-forme serait en correspondance directe et constante avec les couloirs des deux voitures attenantes, au niveau desquels elle serait établie. Sur chaque plate-forme se trouverait un conducteur indiquant les stations et faisant monter et descendre les voyageurs.

Ces plates-formes auraient 6 mètres de longueur sur $2^m,05$ de largeur, soit $12^{m2},30$ de surface. On pourrait facilement y faire tenir debout, pour un instant, 25 à 30 personnes.

Les quais des stations sont établis de plain-pied avec lesdites plates-formes, et voici la manœuvre qui aura lieu, pour l'entrée et la sortie :

Avant d'arriver à une station, le conducteur fera passer sur les plates-formes les voyageurs qui veulent descendre, et, au moment de l'arrêt, leur ouvrira, du côté de la descente, les grilles qu'il refermera sur le dernier, pour aller aussitôt du côté opposé ouvrir celles de montée ; aussitôt le dernier voyageur dans le train, il les refermera et donnera le signal du départ.

Les voyageurs, une fois entrés sur cette plate-forme, se répartiront à leur guise dans les voitures qui y sont attenantes.

On conçoit qu'avec un pareil système le mouvement d'entrée et de sortie d'un grand nombre de voyageurs pourra se faire dans un temps extrêmement court.

Nous proposons de composer chaque train de 3 voitures seulement et de deux plates-formes; on disposera ainsi de 200 places.

Les voitures et les plates-formes seraient distribuées comme le croquis ci-après l'indique :

Composition des trains.

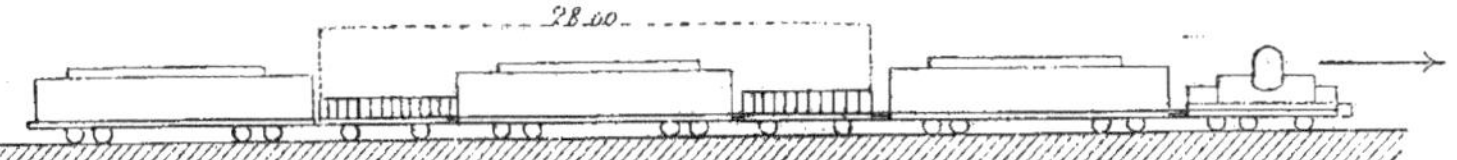

La voiture placée au centre serait séparée des deux autres par une plate-forme qui desservirait ainsi une voiture et demie.

La longueur totale, englobant la voiture centrale et les deux plates-formes, serait de 28 mètres ; longueur sur laquelle on réglera l'étendue

<hr>

(1) Voir la communication de M. Lencauchez sur les chemins de fer aériens de New-York. Société des Ingénieurs civils, séance du 6 juillet 1883.

des quais des stations, car il est de toute nécessité que, dans les arrêts, les plates-formes se trouvent toujours à correspondre aux trottoirs des quais.

Pour un train ainsi disposé, la longueur d'une travée du viaduc suffira toujours à constituer les quais d'une station.

Puissance de transport. En nous arrêtant à ces dispositions, nous avons voulu constituer un matériel léger et commode pour le service de l'exploitation; il ne comportera que 200 places, mais il rachètera les inconvénients de ce nombre assez restreint de places par une plus grande fréquence du passage dés trains : pour le service d'une grande ville, cette combinaison nous a paru évidemment la meilleure : des trains plus considérables grèveraient d'une façon désastreuse l'économie de l'exploitation, sans donner beaucoup de facilités aux voyageurs.

Moyens de traction. Il est évident que notre projet se prête à l'application de tous les systèmes de traction. Toutefois, un chemin aérien établi comme le nôtre dans les grandes artères de la ville, ne saurait être desservi par des locomotives ordinaires à foyers; l'emploi du feu, avec la fumée qu'il produit, étant inadmissible aussi bien que l'échappement de la vapeur dans l'atmosphère. Mais nous avons déjà, pour résoudre la question, les locomotives à eau chaude et à condensation de M. Francq et les machines à air comprimé de M. Mekarski; enfin, les applications, déjà sérieuses, qui ont été faites, de la transmission d'une force de grande puissance par l'électricité, nous font espérer qu'on trouvera, dans l'emploi de ce principe si plein d'avenir, une solution qui conviendra encore mieux à notre but.

Mode d'attelage des véhicules. — Freins. Les trois voitures, les deux plates-formes et la locomotive qui composeront chaque train, bien qu'articulées entre elles de façon à pouvoir prendre aisément la forme polygonale, seront reliées par des attelages très tendus et ne formeront, pour ainsi dire, qu'une seule masse, afin que les arrêts et les démarrages se fassent sans chocs.

Tous les véhicules seront munis de freins à serrage simultané. Un bon système à employer, dans ce cas, est, suivant nous, le frein électrique Achard, frein dont on fait actuellement usage sur les lignes du réseau de l'État. Il donne d'aussi bons résultats que les freins à vide et à vapeur, et présente l'avantage de ne produire aucun bruit en fonctionnant.

III. — GARES — STATIONS

Avant de définir l'étendue et la forme des gares, il était nécessaire d'indiquer, comme nous venons de le faire, la composition des trains et les moyens d'entrée et de sortie des voyageurs.

Nous aurons trois genres de gares :

1° Les gares sur le parcours d'une ligne ou gares intermédiaires ;

2° Les gares aux points où deux lignes de directions différentes se rencontrent, ou gares de tangence ;

3° Et enfin, les gares aux extrémités des parcours ou terminus.

Les quais d'attente des gares intermédiaires seront simplement formés par l'élargissement de la travée du viaduc correspondant à la station.

Gares intermédiaires.

A cet endroit, l'écartement des poutres, prévu à $3^m,70$ dans le cours du viaduc, sera porté à $5^m,40$. Nos wagons ayant $2^m,05$ de largeur, en réservant $2^m,40$ pour leur passage, il restera de chaque côté de la voie inférieure une largeur libre de $1^m,40$ ayant 36 à 40 mètres de longueur, pour constituer les quais d'attente. Sur la voie supérieure, si on maintient le petit encorbellement qui couronne les poutres du viaduc, les quais auront $2^m,20$.

On aura accès à ces quais par des escaliers disposés sur le bord des trottoirs et aboutissant à un passage transversal franchissant au niveau des voies l'espace compris entre le quai et l'aplomb des trottoirs.

La sortie des voyageurs se fera du côté opposé de la voie par des escaliers disposés symétriquement. Le croquis ci-dessous résume la disposition d'ensemble que nous venons d'indiquer. Les *planches 6 et 7* en indiquent tous les détails.

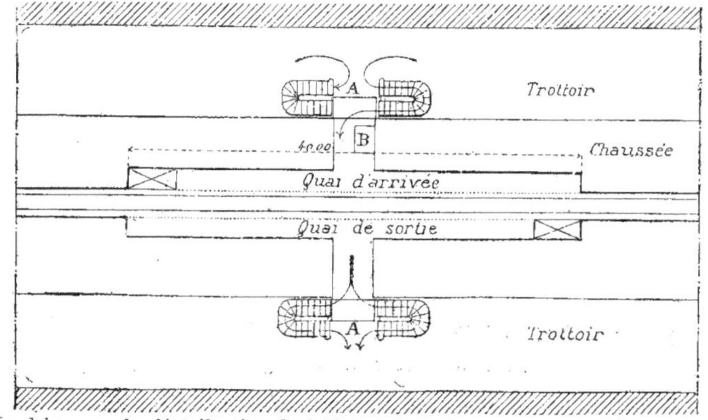

Le kiosque de distribution de billets, A, est compris entre les 2 escaliers sur le trottoir, et le bureau du contrôleur, B, est situé sur le palier supérieur ; de plus, à chaque extrémité du quai sont réservés 2 bureaux pour le gardien de la station et les autres employés.

Chaque quai de la voie supérieure, *planches 6 et 7*, est couvert par une petite toiture très légère d'aspect, mais, cependant, suffisante pour garantir les voyageurs de la pluie et du soleil. Les quais de la voie inférieure sont simplement couverts par le plancher de l'autre voie. Les quais inférieurs comme ceux supérieurs sont bordés extérieurement par de hauts garde-corps ajourés qui sont disposés pour recevoir, pendant la mauvaise saison, des écrans mobiles pleins destinés à protéger les voyageurs contre le vent.

Comme on le voit, ces dispositions sont fort simples et l'installation de ces gares ne peut en rien gêner la circulation.

Il est bien entendu que ces constructions devront présenter toute l'élégance possible et que leur aspect ne laissera rien à désirer.

Gare de tangence ou de bifurcation. Ainsi que nous avons déjà eu l'occasion de le dire, on ne peut admettre que, dans son parcours, une ligne soit rencontrée dans le même plan par une autre se dirigeant transversalement.

Il y a là évidemment une difficulté à vaincre pour l'établissement des lignes transversales, mais elle est commune à tous les projets ; car on ne pourra qu'exceptionnellement faire passer l'une des lignes sous l'autre, quelles que soient les dispositions adoptées pour leur établissement.

Pour résoudre la question, nous avons imaginé une disposition spéciale qui nous paraît répondre à tous les besoins.

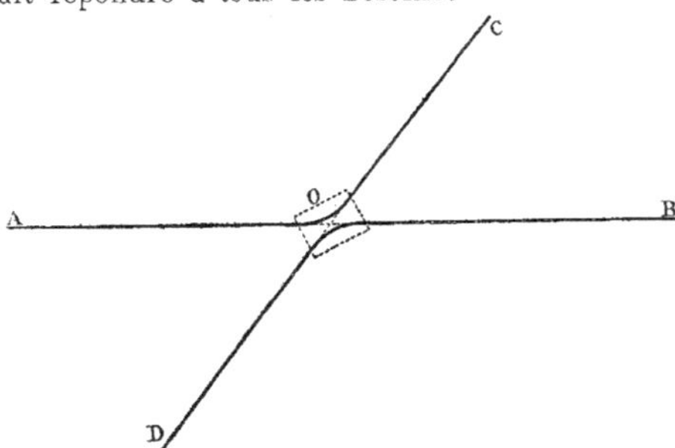

Soit A B une ligne déjà établie que vient croiser, dans le même plan, une autre ligne C D. Pour passer d'une ligne à l'autre, nous établirons à leur rencontre, en O, une gare que nous appellerons *gare de tangence* en raison du rôle qu'elle est appelée à jouer.

Au lieu de faire croiser les lignes sur la plate-forme de cette gare, nous les infléchissons en forme d'*x* de manière à former deux lignes tangentes, comme le croquis ci-dessus le représente. A l'aide de cette disposition, le parcours des trains restera continu et un voyageur arrivant au point O, de l'une des 4 directions qui se croisent en ce point, pourra, en changeant de train, prendre à son gré l'une des 3 autres directions.

Ces gares de tangence, du reste en très petit nombre, seront nécessairement situées sur les carrefours formés par la rencontre des avenues que suivront les lignes.

Elles seront constituées par des plates-formes aériennes d'une étendue suffisante pour les installations qu'elles comportent et on y aura accès, comme aux stations du cours, par des escaliers prenant naissance sur les trottoirs.

Nous avons déjà dit, en parlant du viaduc, que le raccordement des voies aux extrémités de chaque parcours se ferait au moyen d'une rampe affectant la forme d'une boucle d'environ 70 mètres de diamètre : la partie centrale de cette boucle sera remblayée et on y installera les bâtiments nécessaires au service de l'exploitation. Les ateliers et le dépôt de matériel seront naturellement à proximité d'un terminus, et seront reliés à la boucle par une voie de service s'embranchant, d'un côté à la voie basse, et de l'autre, à la voie haute.

L'éclairage des voies et des gares sera des plus faciles puisqu'on aura le gaz à sa disposition, et, dans le cas où la traction se ferait par l'électricité, on pourrait facilement employer la lumière électrique.

Nous ferons même remarquer à ce sujet qu'il serait utile d'éclairer les stations à l'électricité afin qu'on puisse facilement les distinguer de loin pendant la nuit.

Les trains marchant toujours dans le même sens, sur une même voie, il n'y aura pas lieu d'établir d'autres signaux que les feux nécessaires pour que le mécanicien puisse distinguer les stations. Toutefois, comme, pendant une partie de la nuit, aux heures d'arrêt du service des voyageurs, la voie supérieure doit pouvoir donner passage aux trains des grandes lignes, on devra établir des appareils de voies plus complets aux stations où on devra s'embrancher.

Pendant le jour le mécanicien apercevra, en général, en partant d'une station, la gare suivante et pourra agir promptement dans le cas où, pour une cause ou pour une autre, la voie ne serait pas libre devant lui.

Toutes les stations seront, du reste, mises en communication par téléphone.

IV. — COMPOSITION DU RÉSEAU

Considérations générales relatives au tracé du réseau.

Relativement à la composition du réseau, nous considérons qu'il n'y a aucun intérêt à le développer au delà de certaines limites, limites qui s'imposent naturellement et qui sont assez étroites.

Cette manière de voir est du reste partagée par beaucoup d'hommes compétents qui repoussent, comme impraticable et inutile, l'établissement d'un réseau à mailles serrées dans une ville dont la surface est aussi peu étendue que celle de Paris.

Programme de la Commission de 1872.

On sait qu'en 1872 une Commission technique fut nommée par le préfet de la Seine pour examiner les projets qui, à cette époque, firent l'objet d'un concours.

Cette Commission était composée de MM. Kleitz, Alphand, Belgrand, Rozat de Mandres, Krantz, inspecteurs généraux des ponts et chaussées; Callon et Jacquot, inspecteurs généraux des mines ; Solacroup, Couches, Mantion, Vuillemin, Mayer, ingénieurs des grandes Compagnies de chemins de fer ; Delesse, ingénieur en chef des mines. Elle prit, relativement au programme à recommander pour l'exécution de ce réseau, des conclusions qui furent soumises au Conseil général, en mai 1872, et qui firent l'objet de la délibération dont voici les articles ayant trait à la composition du réseau :

Article premier. — M. le Préfet de la Seine est autorisé à concéder, avec le concours d'une commission de cinq membres nommés par le Conseil, l'exécution d'un premier réseau de chemin de fer métropolitain dans Paris, dans les conditions déterminées par la loi présentée le 12 juillet 1865.

Article 2. — La concession comprendra :

1° Une ligne allant du Bois de Boulogne aux chemins de fer de Vincennes et de Lyon par les boulevards intérieurs, passant par ou près de la place de l'Étoile et aboutissant aux boulevards, entre la place de la Concorde et le nouvel Opéra ;

2° Une deuxième ligne partant du boulevard Sébastopol, en face des Halles centrales, suivant ce boulevard, l'avenue Magenta et l'avenue Ornano en partie, et venant aboutir au chemin de fer de Ceinture (*Rive droite*) ;

3° Une troisième ligne ayant son point de départ au chemin de fer de Ceinture (*Rive gauche*) entre Montrouge et Ouest-Ceinture, suivant le boulevard Saint-Michel, le boulevard Saint-Germain et aboutissant au chemin de fer d'Orléans ;

4° Enfin, une première jonction entre le boulevard Saint-Michel et le boulevard Sébastopol, si elle est reconnue possible, et une seconde jonction aboutissant au chemin de fer d'Orléans et la ligne aboutissant au chemin de fer de Lyon.

Ces lignes devront passer à côté des gares de voyageurs des lignes de l'Ouest

(*Rive droite*), du Nord, de l'Est, de Lyon, d'Orléans et de Sceaux, et se relier à ces lignes, s'il est possible, par rails, soit directement, soit par embranchement.

La gare de la Bastille sera placée aussi près que possible des salles d'attente de la gare de Vincennes.

Article 3. — Le concessionnaire ne sera tenu d'exécuter immédiatement que la section comprise entre le chemin de l'Ouest (*Rive droite*) et le chemin de fer de Lyon.

Article 4. — Il sera demandé au Conseil municipal de mettre gratuitement à la disposition de la Compagnie pendant la durée de la concession :

1° Le terrain appartenant à la Ville de Paris et situé entre le boulevard Morland et le quai Henri IV ;

2° Un emplacement de 10 hectares destiné à l'établissement, soit des gares terminus, soit des remises. ateliers ou dépendances, dans la partie du bois de Boulogne comprise entre la porte Dauphine et la porte Maillot, l'allée de Longchamps et des fortifications.

Depuis cette époque, les besoins de locomotion ont augmenté ; mais malgré la création de quelques grandes voies nouvelles, nous croyons que le désidératum d'alors, exprimé par ce programme, doit encore être celui d'aujourd'hui, à peu de chose près.

Le réseau que nous proposons, et auquel notre système est applicable dans de bonnes conditions, répond très heureusement à ce programme.

Il comprend, dans son ensemble, deux lignes, dont une affecte la forme générale d'une boucle oblongue non fermée, ayant pour grand axe la Seine, et constitue une *Ceinture moyenne* ; et l'autre, qui coupe la première en deux points, traverse la ville du Nord-Est au Sud en passant par la Cité.

Le point de départ de la première, que nous désignerons désormais sous le nom de *Ceinture moyenne*, est situé à la pointe du bois de Boulogne, dans la partie comprise entre la Porte Dauphine et la Porte Maillot, que la Ville doit mettre à la disposition du concessionnaire ; elle passe à la Bastille, traverse la Seine sur le pont d'Austerlitz et vient aboutir à l'Esplanade des Invalides où elle se relie au chemin de fer dit « des Moulineaux », qui, comme on le sait, doit être prolongé jusqu'à ce point.

Elle suit les grandes artères énoncées ci-après, sur lesquelles elle est établie, savoir :

Avenue de la Grande-Armée, rond-point de l'Étoile, avenue Friedland, boulevard Haussmann, boulevard Montmartre et les grands boulevards jusqu'à la Bastille, rue de Lyon, avenue Ledru-Rollin, pont d'Austerlitz, boulevards de l'Hôpital, Saint-Marcel, de Port-Royal, carrefour de l'Observatoire, boulevard Montparnasse, avenue Duquesne et boulevard de

4

la Tour-Maubourg à l'extrémité duquel se trouve son second terminus, sur le quai d'Orsay, en face la Manufacture de tabacs.

Comme on le voit, cette ligne ne suit que des avenues de la plus grande largeur (32 à 40 mètres) qui conviennent, on ne peut mieux, à l'établissement d'une voie aérienne ; son parcours est suffisamment régulier.

Ligne transversale. La ligne transversale part de la station de « Montrouge », située sur la Ceinture, rive gauche, pour aboutir, après avoir traversé le centre de la ville, à la station de l'avenue de Vincennes, près Saint-Mandé (Ceinture, rive droite).

Elle est établie sur les voies suivantes : Avenue d'Orléans, boulevard d'Enfer, rue Campagne-Première dont elle emprunte un des côtés. Carrefour de l'Observatoire, boulevard et pont Saint-Michel, boulevard du Palais, Pont-au-Change, place du Châtelet, boulevard de Sébastopol, rue Turbigo, place de la République, boulevard Voltaire, place de la Nation et Cours de Vincennes où se trouve son second terminus près de la station de la Ceinture.

Cette ligne transversale est aussi très régulière et ne suit que des artères convenant bien à son établissement.

Raccordement par rails avec les gares des grandes lignes Le réseau, formé par la combinaison de ces deux lignes, serait relié directement par les rails de sa voie supérieure, à l'aide de petits embranchements spéciaux, avec les gares de Saint-Lazare et de Lyon. Il communiquera aussi par rails avec les gares de Vincennes et de Sceaux tangentiellement auxquelles il passe ; enfin, il pourra de même être relié de suite, si on le juge nécessaire, aux gares du Nord et de l'Est.

Il vient naturellement à l'idée d'établir un embranchement pour conduire directement aux Halles les denrées alimentaires ; mais, si on songe qu'il n'y a qu'une très minime partie de la consommation de Paris qui doit aller sur ce point, que, d'un autre côté, ces denrées n'arrivent pas toujours par wagons complets et qu'il faudrait, pour établir une gare de triage pouvant être de quelque utilité, un emplacement au moins double de celui occupé actuellement par les Halles, on se rend facilement compte que c'est là une idée chimérique à laquelle il faut renoncer. Du reste son application laisserait non seulement subsister les inconvénients de l'encombrement de voitures à certaines heures du matin pour la répartition des denrées sur les divers points de la Ville, mais l'augmenterait encore.

Lignes complémentaires. Après l'établissement de cette première partie des lignes du réseau, et, lorsqu'on sera fixé sur les résultats qu'on en aura obtenus, il pourra être complété par l'addition des lignes secondaires suivantes :

1° Place de la République à la porte de Clignancourt par les boulevards de Magenta et d'Ornano ;

2° Opéra à la Villette par la rue de Lafayette et la rue de Flandre ;

3° Enfin, Porte-Maillot à Puteaux.

Les deux premières lignes, en raison de leur peu de développement et du peu de circulation à certaines heures, seraient à une seule voie, et desservies par un train faisant la navette d'une extrémité à l'autre.

Les ateliers et le dépôt central seraient installés dans les 10 hectares de terrain de la pointe du bois de Boulogne, que la Ville doit mettre à la disposition du concessionnaire, et qui sont situés, comme nous l'avons dit, entre la porte Dauphine et la porte Maillot. Deux autres dépôts avec petit atelier seraient installés l'un à Saint-Mandé, l'autre à Montrouge.

Nous devons faire remarquer que la Ceinture moyenne et la ligne transversale, dont nous venons d'indiquer le trajet, ne sont pas parcourues chacune sur toute leur longueur, par un même train. Les circuits, aux deux points où ces lignes se coupent, deviennent, en effet, tangents l'un à l'autre, au lieu de se croiser, conformément à la disposition que nous avons expliquée au chapitre précédent en parlant des gares de tangence.

Ainsi, le voyageur qui voudra suivre l'une de ces lignes, dans toute son étendue, devra changer de trains aux deux points où elles se rencontrent.

Néanmoins, le réseau entier comporte seulement deux circuits continus : l'un partant de la porte Maillot pour aboutir à l'avenue de Vincennes ; l'autre, partant de l'esplanade des Invalides, se dirige, par le carrefour de l'Observatoire, sur la place de la République, d'où il revient, en passant par les gares de Lyon et d'Orléans, toucher de nouveau au carrefour de l'Observatoire, pour aboutir à Montrouge.

Le plan de Paris, pl. 8, représente l'ensemble du réseau tracé à l'encre rouge. Il indique aussi, en pointillé rouge, les lignes complémentaires dont nous avons parlé.

Un coup d'œil jeté sur ce plan montre que, par la combinaison des deux lignes projetées, tous les points importants de la capitale, ou à peu près tous, se trouvent reliés entre eux, ainsi qu'aux gares des grandes lignes et aux principaux points de la banlieue. La ligne de ceinture moyenne parcourt, en effet, les quartiers les plus fréquentés de la rive droite et met en communication directe par rails : les gares de Saint-Lazare, de Vincennes, de Lyon et de Sceaux ; de plus, elle se raccorde au chemin de fer des Moulineaux et dessert les gares de l'Est, d'Orléans et de Montparnasse ; d'autre part, la ligne transversale relie à son tour le centre de la ville et les quartiers les plus populeux de la rive gauche, non seulement à deux points de cette Ceinture moyenne, mais aussi à deux points de la Ceinture actuelle.

L'examen de ce plan met aussi en évidence ce fait particulier, que la Ceinture actuelle passant au centre des dix-neuvième et vingtième arrondissements, c'est-à-dire, traversant les quartiers : de la porte de Flandre, de Belleville, d'Amérique, du Père-Lachaise et de Charonne, et croisant tout près de là, à la porte de Vincennes, notre ligne transversale, ces quartiers ouvriers éloignés se trouvent mis en rapport avec le centre de la ville dans de très bonnes conditions.

On a souvent cité comme modèle à suivre le tracé du Métropolitain de Londres ; nous ferons remarquer, à ce sujet, que, dans ce Métropolitain, le circuit fermé, dénommé *" Inner Circle "* (Ceinture intérieure), entoure un espace dans lequel il n'existe aucun chemin de fer et qui a environ 3 kilomètres de largeur sur 6 à 7 kilomètres de longueur. Ce circuit dessert les gares des grandes lignes qui se trouvent toutes situées sur son parcours, et pénètre, par divers embranchements et par diverses boucles, dans les autres quartiers de la ville et dans la banlieue. Nous ferons observer que notre réseau présente avec celui de Londres une certaine analogie. Notre Ceinture moyenne, comme l' *"Inner Circle "*, dessert toutes les gares des grandes lignes et entoure un espace de dimensions équivalentes. Nous avons, en plus, l'avantage que, avec notre tracé, cet espace est coupé transversalement par une branche du réseau, et longitudinalement par la Seine, sur laquelle il existe des moyens de transport rapides et très économiques.

On peut donc avancer, qu'à égalité de surface, Paris sera, avec notre réseau, plus complètement desservi que ne l'est Londres par son Métropolitain actuel.

On remarquera, dans un autre ordre d'idées, que, par une heureuse disposition du parcours des lignes que nous avons projetées, elles contournent sans y pénétrer, mais en les desservant suffisamment, ce que l'on est convenu d'appeler les *quartiers artistiques de Paris :* les Champs-Élysées, la place de la Concorde, le Louvre et les Tuileries, la Madeleine et le Corps législatif, le boulevard des Italiens, la place et l'avenue de l'Opéra, la rue de la Paix, l'Hôtel-de-Ville ; elles ne troublent donc point l'harmonie des belles lignes qu'ils présentent et dont les Parisiens sont fiers à juste titre.

La belle perspective qu'offre l'avenue de la Grande-Armée n'est même pas atteinte par le parcours sur lequel nous la suivons, parce que notre viaduc est établi dans l'une des contre-allées et se trouve dissimulé par les deux rangs d'arbres qui la bordent.

Nous croyons que, dans ces conditions, notre tracé répond au programme de la commission de 1872 et qu'il suffit à tous les besoins actuels de la circulation.

Certainement on aura toujours la faculté d'augmenter ce réseau, mais nous avons la conviction que, pour le moment, ce serait superflu.

Il ne s'agit pas, en effet, on l'a dit et répété, de remplacer le service des omnibus par un service de chemin de fer, mais bien de parer à l'insuffisance de ce mode de transport pour les grandes distances, ainsi que pour les parcours où le mouvement du public est intense, et de donner aux habitants des quartiers populeux la possibilité de se rendre vite et à bon marché dans la banlieue.

Nous avons placé les stations sur nos lignes à une distance moyenne de 500 mètres dans les quartiers très fréquentés et de 800 mètres dans les autres.

Ces stations sont au nombre de trente-huit, y compris les terminus.

La longueur développée de l'ensemble des lignes du réseau, y compris les raccordements, est de 27,500 mètres.

Longueur des lignes.

Elle se subdivise comme suit :

```
Longueur de la ligne de Ceinture moyenne. . . .    16.250 mètres
      —    de la ligne transversale . . . . . . . .    10.600   —
      —    des 2 embranchements de la gare Saint-
Lazare, de la gare de Lyon . . . . . . . . . . . .       650   —
                            Total . . . . . . .    27.500 mètres
```

A cette longueur pourront s'ajouter plus tard les parcours indiqués en pointillés.

Dans la description du projet que nous avons faite au chapitre 1, nous disions qu'une partie du viaduc serait du type mixte en maçonnerie ; nous avons compté employer cette solution, d'une part, sur les avenues ayant des contre-allées permettant d'y établir les voies ; et, d'autre part, à l'endroit, du reste unique, où le viaduc doit se trouver en façade sur l'un des côtés de la rue, par suite du peu de largeur de celle-ci.

Les parcours sur lesquels on pourra s'établir sur viaduc mixte en fer et en maçonneries sont les suivants :

1° Ligne de Ceinture moyenne :

```
Contre-allée de l'avenue de la Grande-Armée . . . . .    750ᵐ
Contre-allée du boulevard de l'Hôpital . . . . . . . .    450ᵐ
Contre-allée du boulevard Saint-Marcel . . . . . . . .    800ᵐ
Contre-allée du boulevard de Port-Royal . . . . . . . .  1.100ᵐ
      Total pour la Ceinture moyenne : . . . . . . . .    3.100
```

2° Ligne transversale :

Avenue de Vincennes. . . . .   930^m

Rue Campagne-Première . . . .   320^m

Boulevard d'Enfer . . . .   450^m

  Total pour la ligne transversale. . . . .———1.700^m

      Soit ensemble. . . . .   4.800^m

En outre, partout où l'étude de détail montrera que cela est possible, on sectionnera le viaduc métallique, en y intercalant des arches en maçonnerie, dans le but de varier l'aspect de l'ouvrage et de donner plus de fermeté à ses lignes ; de sorte que l'on peut compter que l'ensemble des ouvrages de maçonnerie pourra atteindre 6,000 mètres.

Décomposition de la longueur du réseau par nature d'ouvrage.

D'un autre côté, les raccordements des deux voies aux terminus seraient établis sur terrassement ; de sorte que la décomposition du développement total des lignes par nature d'ouvrage serait la suivante :

Longueur sur terrassement. . . . .   1.500^m

Longueur sur viaduc en maçonnerie. . . . .   6.000^m

Longueur sur viaduc métallique. . . . .   20.000^m

  Total égal. . . . .———27,500^m

Nous devons faire remarquer que du côté du boulevard de Port-Royal on est exposé à ce que les fondations rencontrent les Catacombes ; dans ce cas, et si leur exécution était trop dispendieuse, il faudrait renoncer à l'établissement du viaduc en maçonnerie et avoir recours aux viaducs métalliques.

Nous nous sommes rendu compte par des profils en long que les rampes ne dépassent en aucun point 0^m,02 par mètre. Les courbes sont en général de grand rayon, sauf en deux points, aux raccordements tangentiels du carrefour de l'Observatoire et de la place de la République où nous avons des courbes de 100 mètres.

V. — DEVIS ESTIMATIF DES DÉPENSES. — TARIFS. — RECETTES
DURÉE D'EXÉCUTION.

Maintenant que notre projet est complètement défini, nous pourrons faire l'estimation des dépenses qu'entraînera son exécution avec beaucoup d'exactitude.

Voici comment nous établissons le devis estimatif de ces dépenses :

Évaluation des dépenses.

N°ˢ D'ORDRE	NATURE DES DÉPENSES	PAR KILOMÈTRE	TOTAL PARTIEL par kilomètre	DÉPENSES pour tout LE RÉSEAU	DÉPENSES TOTALES par article.
	1° Construction de la Voie et des Gares.	francs	francs	francs	francs
1	Viaduc avec ses appuis	1.100.000			
2	Voies avec leurs accessoires.	80.000			
3	Stations, avec leur matériel et leur mobilier, à raison de une station 6/10 par kilomètre et de 25,000 francs l'une	60.000			
4	Déplacement d'une voie de tramway, en moyenne sur toute la longueur des lignes	40.000			
5	Divers et imprévu.	30.000			
	Dépenses de construction de la voie par kilomètre		1.310.000		
	Soit pour les 27ᵏ 500 du réseau			36.025.000	
	2° Matériel roulant et frais d'administration				
6	Matériel roulant pour l'exploitation de tout le réseau			4.500.000	
7	Construction des ateliers et dépôts.			1.600.000	
					42.125.000
8	Frais d'étude, frais d'administration et intérêt du capital resté improductif pendant une moyenne d'un an : 15 0/0 environ des dépenses ; soit				7.825.000
	Total général des dépenses.				50.000.000

$$\text{Soit par kilomètre } \frac{50,000,000}{27,500} = 1{,}818{,}181 \text{ francs}$$

ou en chiffre rond : 1,800,000 rancs par kilomètre

Ainsi donc, les dépenses d'établissement de nos lignes et l'acquisition du matériel complet nécessaire à leur exploitation ne dépassera pas 1,800,000 francs par kilomètre.

Nous devons attirer l'attention sur le degré d'exactitude de ce chiffre et la confiance qu'on doit accorder à notre estimation.

La plus grosse partie des dépenses se rapportant à des constructions métalliques, dont l'exécution ne prête à aucun aléa, peut être évaluée avec une exactitude parfaite. Néanmoins, nous ne nous en sommes pas rapporté seulement à nos connaissances pour faire cette évaluation ; après avoir fait nos calculs, nous avons contrôlé et rectifié nos chiffres par les renseignements que nous avons pris auprès de nos principaux établissements de construction.

On commettrait donc une erreur grave, si on assimilait notre devis aux estimations superficielles qui accompagnent généralement les avant-projets de construction de ce genre.

Nous avons la certitude que les dépenses ne dépasseront pas les limites que nous avons indiquées ; du reste, toute personne compétente pourra en quelques instants vérifier l'exactitude de notre estimation.

Tarifs.

Relativement aux tarifs, voici ce que le programme de la Commission de 1872, approuvé par le Conseil général de la Seine, prescrivait :

. . . .

Article 9. — Le cahier des charges de la concession sera rédigé par le Préfet de la Seine et la Commission du Conseil général dont il est parlé à l'article premier. Il limitera le maximum du tarif à 0 fr. 10 c. par kilom. pour la 1re classe et à 0 fr. 06 c. pour la 2e avec un minimum de perception de 0 fr. 30 c. et de 0 fr. 20 c.

Les premiers trains partiront à cinq heures et demie en été, et à six heures et demie en hiver. Pendant la première heure, les voyageurs de 2e classe ne paieront que la moitié du tarif et auront droit, moyennant ce prix réduit, à un billet de retour, sans que le prix ainsi payé puisse excéder 0 fr. 10 c. pour tout le parcours dans l'intérieur de Paris.

Le concessionnaire ne pourra augmenter le dimanche le prix des places fixé pour les autres jours de la semaine . . . .

. . . .

Mais nous croyons que des tarifs aussi élevés sont inadmissibles dans Paris, car ils mettraient le Métropolitain dans une situation désavantageuse par rapport aux tramways et aux omnibus, et leur concurrence serait à redouter.

Nous pensons qu'en dehors des billets ouvriers, il faut deux classes, et que les prix du parcours, sur tout le réseau, jusqu'aux fortifications ne peuvent dépasser les prix actuels des omnibus.

Nous proposons donc de fixer le prix des billets ouvriers à 0 fr. 10 c., comme le demande le rapport de la Commission, à 0 fr. 15 c. le prix des secondes et à 0 fr. 25 c. le prix des premières.

Les départs des trains ouvriers seraient intercalés dans ceux des autres trains de 5 h. 1/2 à 7 h. du matin et le soir de 6 h. à 7 h. 1/2.

Les billets seront pris aux kiosques de distribution des stations et contrôlés avant l'entrée des voyageurs dans le train. A cet effet, les escaliers et les parties des quais affectés à l'une et l'autre classe seront séparés sans communication possible. — Les wagons de l'une et l'autre classe formeront dans le train des groupes distincts qui ne communiqueront pas entre eux et qui viendront s'arrêter dans les stations en face des espaces réservés à chaque classe.

Lorsque les voyageurs seront entrés dans le train, on n'aura plus à s'occuper d'eux et ils échapperont ainsi aux ennuis du contrôle en marche.

L'évaluation des recettes est la partie du devis de l'entreprise qui, assurément, présente le plus de difficulté à apprécier exactement. Recettes.

Si, pour une direction donnée, on veut se baser exclusivement sur les recettes accusées par les Compagnies d'omnibus et de tramways, on peut toujours conclure au chiffre auquel on désire arriver. On peut, en effet, englober dans les recettes d'une ligne une proportion plus ou moins importante des lignes qui suivent, dans un certain rayon, la même direction. En outre de ce que cette manière de compter a d'arbitraire, il est impossible de savoir d'avance dans quelle proportion les voyageurs se répartiront entre le Métropolitain et les omnibus qui suivront le même itinéraire.

Nous avons cherché à nous rendre compte du trafic probable, en prenant pour base les conditions suivantes :

Nous admettrons que nos trains, qui comprennent 200 places, partiront toutes les cinq minutes.

Pour une exploitation de 17 heures en moyenne par jour, nous aurons une puissance de transport, dans chaque sens, de 40.000 places.

Si maintenant on admet qu'il y ait toujours dans les trains la moitié des places vides, mais que, dans un parcours complet sur tout le réseau, on renouvelle deux fois les voyageurs, chaque train produira une recette égale au nombre des places qu'il contient, multiplié par le prix d'une place une fois payée.

Comme nous avons une puissance de transport de 80,000 places pour l'ensemble des parcours dans les deux sens, le prix moyen de la place étant de 0 fr. 20, la recette brute journalière pour l'ensemble du réseau sera de : $80,000 \times 0.20 = 16,000$ francs

et pour 365 jours: $16,000 \times 365 = \dots\dots\dots\dots$ 5.840.000

Les frais d'exploitation représentant environ 1/3 de cette somme, soit: $\dots\dots\dots\dots\dots\dots\dots\dots$ 1.940.000

La recette nette sera de $\dots\dots\dots\dots\dots\dots$ 3.900.000

Soit un peu moins de 8 0/0 environ du capital, pour son revenu et son amortissement.

Nous ferons observer que la recette brute de 5,840,000 francs, qui correspond à très peu près à 200,000 francs par kilomètre est bien en rapport avec celle produite par les lignes de banlieue de l'Ouest qui a été de 135,000 francs en 1880 (1).

On peut donc admettre que la recette brute de 200,000 francs par kilomètre n'est pas exagérée.

Délais d'exécution.

L'exécution de notre projet pourrait être très rapide, les travaux qu'il comporte pouvant être répartis entre un grand nombre de maisons de construction : un délai de deux ans serait amplement suffisant.

La partie de la Ceinture moyenne, comprise entre le bois de Boulogne et la place de la République, pourrait être exécutée en premier lieu concurremment avec la partie de la ligne transversale comprise entre la place de la République et Montrouge. Ces deux tronçons pourraient être livrés à la circulation dans un délai maximum de dix-huit mois.

On achèverait le réseau dans les six mois suivants.

On pourrait encore, au besoin, abréger ces délais.

---

(1) Nous avons trouvé ce dernier chiffre dans plusieurs rapports ; nous le donnons sous toutes réserves, n'ayant pu le vérifier.

VI. — VARIANTE DU PROJET

Le projet qu'on vient de lire a soulevé, de la part de quelques personnes qui l'ont eu en communication, des critiques dont voici les principales :

1° Les voyageurs qui iront prendre le train sur la plate-forme supérieure auront à faire une ascension d'environ 9 mètres, ce qui écartera un certain nombre d'entre eux.

2° A cause de l'activité obligée du service des voyageurs, il ne sera pas possible de les admettre s'ils sont munis de colis, et encore moins d'admettre les colis expédiés seuls.

3° Les trains de 200 voyageurs, que nous avons prévus, à moins qu'ils ne circulent à demi vides, ne pourront pas avoir la fréquence qui est le principal *desideratum* des lignes urbaines. Il y aurait donc intérêt à avoir des trains partant plus souvent et tenant moins de voyageurs à la fois.

Tenant compte de ces critiques peu importantes, nous avons cherché toutefois une disposition les atténuant ou même les faisant disparaître.

Si nous réfléchissons que le point de départ de notre projet est un viaduc dont les éléments sont calculés pour pouvoir porter un train de grande ligne de chemin de fer, nous sommes conduits à voir que ce même viaduc pourra porter simultanément autant de trains légers de l'exploitation urbaine qu'on voudra, pourvu que la somme de leur poids ne dépasse pas le poids d'un grand train. Or, la somme du poids des deux trains prévus dans le projet ci-dessus est loin d'atteindre le poids d'un train de grande ligne. Il est évident que le viaduc, calculé d'après ces bases, porterait aisément trois trains légers semblables à ceux que nous venons de décrire; voyons maintenant s'il est possible d'installer les trois voies de ces trois trains sur notre viaduc sans augmenter ses dimensions au delà des limites qui s'imposent.

Nous remarquons d'abord, dans le premier projet, que, sur la plate-forme inférieure, lors du passage des trains, il reste un espace vide de 0^m70 entre les voitures et la paroi intérieure des deux poutres ; c'est dans ce passage que circulent les surveillants de la voie. Or, grâce à la disposition du treillis des poutres que nous avons adopté, on peut faire circuler les surveillants sur une passerelle de 0^m60 de largeur, installée en encorbellement au niveau de la plate-forme inférieure du viaduc.

Grâce à l'espace devenu libre entre les poutres par suite de cette disposition, il devient possible de placer sur la plate-forme inférieure les deux voies *aller* et *retour* des voyageurs, à la condition toutefois d'avoir des voitures plus étroites. Nous avons alors songé à employer des demi-voitures n'ayant qu'un rang longitudinal de places, en avant duquel régnerait un couloir d'une largeur dépassant 1 mètre. Ces voitures présenteraient donc la disposition d'un *coupé* allongé, avec cette différence que les voyageurs auraient pour vis-à-vis la partie de la ville qui fait face au côté du viaduc qu'ils suivent, ce qui serait pour eux plus agréable que la voiture fermée du premier projet. Les trains ne contiendraient au maximum que 120 voyageurs au lieu de 200 et se succéderaient à des intervalles aussi rapprochés que possible, soit toutes les trois minutes.

Sur la plate-forme supérieure nous conservons la voie unique; nous y ferons circuler un matériel destiné à recevoir les voyageurs munis de colis et bagages, un fourgon de la poste, et même, dans une certaine limite, un service de factage. Cette voie supérieure arrivera au niveau des quais de gares des grandes lignes pour le service des voyageurs munis de bagages. Ainsi pourront être partiellement évités les lenteurs et les ennuis lors des arrivées ou des départs des voyageurs.

Cette voie supérieure sera reliée au sol par des ascenseurs dans ses différentes gares spéciales; dans les quartiers populeux et commerçants, cette voie pourra communiquer par des passerelles à une des maisons voisines, qui sera facilement affectée par la Compagnie à toutes les exigences que réclamera ce service, qui ne tardera pas à prendre un grand développement.

La voie étant unique, on ne fera qu'une série de *va-et-vient;* mais, comme les locomotives y seront très puissantes, on pourra faire un trafic considérable et, aux jours de fête, dans la capitale, transporter des trains contenant plusieurs centaines de voyageurs à la fois. Enfin, comme dans le précédent projet, aux heures de la nuit où toute activité s'éteint dans la ville, les grandes lignes de chemins de fer pourront prendre possession de la voie supérieure du viaduc pour y faire circuler leurs trains, tout aussi bien que dans le premier projet, sans oublier que, dans la journée, elles pourront toujours atteler aux trains de la voie supérieure leurs wagons de voyageurs, de poste ou autres, qui ont à passer rapidement d'un réseau sur un autre.

On voit que cette solution annule les critiques que nous avons exposées plus haut, car :

1° Les voyageurs n'auront que 5 mètres a monter pour atteindre le train;

2⁰ Les voyageurs avec bagages, la poste et les colis détachés auront un service distinct qui desservira la ville et les gares des grandes lignes ;

3⁰ Les trains de voyageurs sans bagages, ne contenant que 120 personnes environ, pourront, sans risquer de marcher à vide, se succéder à des intervalles plus rapprochés.

Nous donnons ci-dessous une coupe du viaduc ainsi compris ; nous l'avons admis d'une largeur de 4 mètres à l'extérieur des poutres :

A est la voie raccordée aux quais et aux rails des gares des grandes lignes ;

B B sont les deux voies *aller* et *retou* pour les voyageurs sans bagages ;

C est la coupe en pointillé du wagon des trains de voyageurs ;

D D sont les passerelles où circuleront les employés et les inspecteurs des voies.

Coupe du nouveau
viaduc.

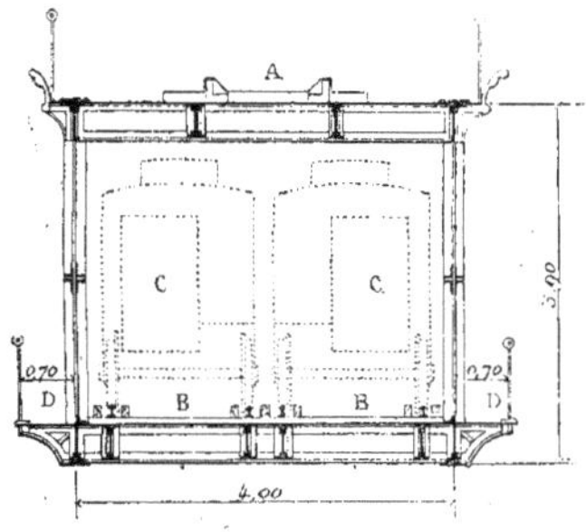

Section du Viaduc

Le supplément de dépense entraîné par la construction de ce second projet comporte principalement : les frais de la troisième voie, de son matériel et de ses gares ; les frais de la passerelle D D et de son encorbellement ; le léger élargissement du tablier.

Mais on aura, par ailleurs, les bénéfices à attendre du service de factage de la voie supérieure et du transit des wagons des grandes lignes pendant la journée et pendant la nuit.

Les détails d'exécution de l'ensemble de ce second projet seraient la répétition de ce que nous avons dit au sujet du premier, dont il ne diffère pas comme aspect ; la disposition des voies et des terminus, le mouvement et le matériel des trains sont seuls modifiés.

Comparaison des deux
projets au point
de vue des frais
d'établissement et
des détails d'exé-
cution.

VII. — CONCLUSIONS

Conditions réalisées par notre projet.

En résumé, le chemin de fer dont nous présentons le projet de deux types réunit les conditions suivantes :

1° Il peut être installé sans détruire ou modifier aucunement ce qui existe, et son exécution n'offre aucun aléa ;

2° Il assure le transport des voyageurs à l'air et à la lumière, et même un service de factage, sans nuire à la circulation dans les voies où il est établi ;

3° Il résout la question d'une façon originale, appropriée aux circonstances, sans cependant comporter l'application d'autres moyens que ceux dont l'usage est consacré par la pratique, moyens qui ne laissent subsister aucun doute sur son bon fonctionnement

4° Disposé pour recevoir le matériel léger qui convient au service urbain, il peut, néanmoins, donner passage aux trains des grandes lignes, et leur permettre de pénétrer dans Paris et de passer d'une gare à l'autre ;

5° Il a une puissance de transport pouvant répondre à tous les besoins ;

6° Il comporte un réseau reliant toutes les gares entre elles et au centre de Paris, et, répondant par ailleurs, au desideratum des Commissions officielles ;

7° Il n'exige, pour son établissement, qu'un capital pouvant être rémunéré par les recettes que lui assure l'application de tarifs modérés ;

8° Il peut être exécuté dans un très court délai.

Que peut-on désirer de plus, et que pourront objecter les partisans du souterrain ?

Qu'il gâtera l'aspect des avenues ? Que la circulation des trains produira un bruit intolérable ? Qu'il sera dangereux en cas de déraillement?

Voyons ce que renferment de fondé ces objections.

Suivant nous, loin de nuire à l'aspect de nos grandes artères, le viaduc, tel que nous le comprenons, contribuera à le rendre plus grandiose.

En esthétique, plus qu'en toute autre matière, il est facile d'émettre une opinion négative, surtout lorsqu'il s'agit d'une œuvre à réaliser, mais il est plus difficile de la justifier par de bonnes raisons.

Le beau est l'expression de l'utile, a dit un philosophe ancien, et tous ceux qui se sont occupés de construction ou d'œuvres d'art savent si cette définition est juste.

L'esprit n'est en effet satisfait que lorsqu'on est arrivé, dans l'étude d'une construction, à en disposer les éléments de façon à rendre évidente leur utilité.

A défaut d'autre mérite, notre viaduc aura toujours celui d'être incontestablement une œuvre utile, ménageant bien les divers intérêts à satisfaire, et nous avons la conviction que sa présence au milieu des deux rangs d'arbres d'une avenue, avec l'animation que créera le passage des trains dans les deux sens, ne diminuera ni l'agrément, ni le bon aspect des boulevards que nous avons choisis pour son parcours.

Vient maintenant l'objection relative au bruit. Il est certain qu'on ne pourra jamais arriver à faire circuler les trains sans bruit, mais on parviendra assurément à l'atténuer suffisamment pour qu'il se confonde avec les bruits ordinaires de la rue.

Déjà, en Hollande, on a obtenu un bon résultat dans ce sens, en employant des rails de 25 à 30 mètres sur les ponts, dans la traversée de Rotterdam, malgré la façon tout à fait défectueuse dont ces ponts sont construits au point de vue des vibrations.

Mais en supposant qu'on ne fasse faire aucun progrès à cette question, on sait, par les rapports des personnes qui ont vu fonctionner les chemins de fer aériens de New-York, que ce bruit n'est ni plus intense ni plus désagréable que celui produit par le passage, dans nos rues, des camions lourdement chargés.

Le déraillement d'un train est toujours un accident à redouter. Sur le Métropolitain, il pourrait avoir des conséquences plus graves que sur une ligne ordinaire ; mais, à ceux qui redoutent ces accidents nous répondons qu'ils ne pourront se produire, en raison des moyens préventifs dont on fera usage et qui sont connus : contre-rails, patins de glissement en cas de rupture d'essieux, etc.; ajoutons que, d'un autre côté, la faible vitesse des trains ne s'y prêtera pas. Nous devons faire observer, du reste, que les conséquences du déraillement d'un train sur notre viaduc ne seraient pas pires que celles d'un déraillement dans un souterrain ; en effet, il est probable que, dans ce dernier cas, le train déraillé de l'une des voies serait tamponné par celui circulant sur l'autre voie ; les personnes qui survivraient à ces deux chocs auraient de plus à craindre d'être écrasées par les débris de maçonnerie qui pourraient se détacher de la voûte.

On pourra encore objecter que notre projet ne peut être utilisé à la création d'une gare centrale pour le départ des voyageurs par toutes les grandes lignes. Nous reconnaissons cette lacune et nous n'avons pas eu la prétention de satisfaire à une telle condition. Nous croyons qu'on est généralement d'accord pour admettre qu'une gare centrale, si on doit jamais en créer une, ne peut être desservie que par une voie indépendante du Métropolitain et par les soins des grandes Compagnies.

Considérations sommaires sur le Métropolitain souterrain.

Nous n'avons pas à faire ici la critique du projet du Métropolitain souterrain, en présence duquel nous nous trouvons. Nous rappellerons, cependant, que ce projet a soulevé les plus graves critiques, tant au point de vue financier qu'au point de vue des difficultés techniques que présente son exécution et de l'utilité d'avoir recours à ce système.

Ces critiques, qui nous paraissent parfaitement fondées, se trouvent très bien résumées dans la communication faite, à ce sujet, par M. J. Richard à la Société des ingénieurs civils, dans la séance du 3 août 1883, et nous en donnons ci-après des extraits.

Cet ingénieur, ancien président de cette Société et dont on connaît la compétence en matière de chemin de fer, s'exprimait ainsi :

Je veux donc tâcher de faire entrer dans vos esprits, parce que je crois être dans la vérité, cette opinion contraire à celle qui paraît réunir des suffrages, à savoir : que le Métropolitain de Paris, tel qu'il est conçu jusqu'à présent, a trois défauts capitaux qui doivent le faire proscrire.

Je voudrais vous prouver que les projets actuels constituent une opération *mauvaise* au point de vue financier, *dangereuse* au point de vue des travaux à exécuter et de la sécurité publique, *inutile* au point de vue des commodités de la circulation de la ville de Paris, en ce sens qu'il peut être avantageusement remplacé par d'autres opérations de voirie et la création d'autres moyens de transport.

En premier lieu: *c'est une mauvaise opération financière*; je crois que je n'ai pas beaucoup d'efforts à faire pour vous le démontrer, attendu qu'il est prouvé, par toutes les estimations qui ont été faites, que la construction sera excessivement coûteuse. On a parlé de quatre millions le kilomètre ; or, si je reporte mon esprit sur ce fait que le Métropolitain de Londres a coûté plus de onze millions le kilomètre, je suis conduit à craindre que le Métropolitain de Paris ne soit pas estimé assez cher à quatre millions, car il pénétrera bien plus que celui de Londres dans le cœur de la ville et rencontrera beaucoup plus de difficultés souterraines que n'en a rencontré celui de Londres.

Si, d'autre part, je remarque bien que, par le fait des mœurs, des habitudes, des distances à parcourir, le Métropolitain de Londres est dans des conditions de développement et de trafic bien plus favorables que ne le serait un Métropolitain à Paris, si je remarque, dis-je, que les documents officiels établissent que les capitaux engagés dans le Métropolitain de Londres sont très insuffisamment rémunérés, alors, je suis autorisé à dire que le Métropolitain parisien souterrain sera une mauvaise opération au point de vue financier.

Je me trouve, d'ailleurs, sur ce point, d'accord avec M. A. Huet, inspecteur général des ponts et chaussées, qui, en 1877, étant inspecteur des travaux de Paris, écrivait (page 108), dans son Rapport en date du 17 mai 1877, rédigé au nom de la Commission, composée des hommes les plus honorables et les plus compétents, envoyés à Londres par la Ville de Paris pour examiner et rechercher les conditions de la construction et de l'exploitation des chemins de fer Métropolitains de cette grande ville, qui écrivait dis-je :

» *Toutefois, après l'examen que nous avons fait de la situation financière des deux principales Compagnies de chemins de fer Métropolitains de la ville de Londres, nous n'admettons pas que des chemins de fer Métropolitains soient jamais, à Paris, une affaire avantageuse par elle-même, et qu'une Compagnie sérieuse puisse s'en charger sans subvention ni garantie d'intérêts.* »

» Je répéterai ce que nous disait aussi, il y a quelque temps, dans cette enceinte, un de nos collègues, M. du Lin : « *Les aléas qui s'attachent à cette entreprise doivent empêcher aussi bien une Compagnie sérieuse de s'en charger, que le public de lui porter son argent.*

» Je maintiens donc le premier point comme acquis : l'opération est mauvaise au point de vue financier, et l'on doit se mettre en garde contre toute tentative qui pourrait être faite pour attirer le public dans ses lacets. Les charges ne peuvent en être supportées que par l'État et la ville de Paris, si elle arrive à réalisation.

» En ce qui concerne le second point, *l'entreprise est dangereuse au point de vue des travaux et de la sécurité publique*, je voudrais aussi vous faire partager ma conviction sur ce point ; je vais au moins essayer de la défendre devant vous par quelques réflexions principales.

» Il y a très peu de similitude entre Paris et Londres, et les capitales de l'étranger, et je crains bien que nous ne soyons un peu entraînés, comme cela nous arrive trop souvent par imitation, à faire un Métropolitain à Paris, parce qu'il y en a un à Londres ou dans une autre grande capitale.

» La construction d'un Métropolitain, à Paris, ne se trouve pas du tout dans les mêmes conditions qu'à Londres. Vous connaissez Londres, vous savez quelle est l'étendue de son périmètre, et, par conséquent, vous n'êtes pas étonnés que les chemins de fer métropolitains, à Londres, aient pu éviter, dans leur établissement, une foule des difficultés souterraines qui s'accumuleront, à chaque mètre, au milieu de l'agglomération parisienne si compacte et si serrée.

» Vous savez aussi que les maisons, à Londres, ne sont pas élevées, tandis qu'à Paris, elles atteignent une hauteur de 20 mètres, qui peut devenir aussi très dangereuse, si elles sont perpétuellement secouées par le passage incessant (toutes les 3 minutes) de trains de chemins de fer au voisinage de leurs fondations et de leurs caves. Il suffit, pour avoir une idée de ce danger, ou tout au moins de la gêne insupportable qui résulterait de ces trépidations, de se rappeler les secousses que produit jusqu'au cinquième étage, même dans une maison en pierre de taille bien construite, le passage dans la rue d'un lourd camion.

» Il est certain qu'il y aurait là une cause de danger et de gêne intolérable pour les propriétaires et les locataires.

» Je signalerai une autre cause de danger pour la construction d'un Métropolitain souterrain dans Paris, et pour son exploitation.

» C'est l'inondation, soit qu'elle vienne des eaux souterraines que l'on a rencontrées dans les fondations de l'Opéra et de toutes les maisons de la rive droite, surtout dans la Chaussée d'Antin, soit qu'elle vienne des crues de la Seine. Vous vous rappelez tous, Messieurs, ces faits que je vous signale; on rencontrera certainement à la profondeur où devra être descendu le Métropolitain de Paris, pour éviter égouts, conduites d'eau et de gaz, etc..., ces nappes d'eau souterraines, qui sur la rive droite de la Seine rappellent l'existence et le cours du ruisseau de Ménilmontant, que l'on retrouve sur les vieux plans de Paris, et dans l'Histoire de Paris, de Dulaure.

» Et l'on aura à redouter les crues de la Seine, qui, sur la rive gauche, inondent, chaque hiver, les caves de ses maisons.

» En présence de tels aléas, je ne puis pas m'empêcher de dire que la construction d'un Métropolitain souterrain, à Paris, serait une opération dangereuse pour la sécurité publique et pour l'exécution des travaux, comme pour son exploitation.

» Sur le troisième point, à savoir que *l'opération est inutile et peut être avantageusement remplacée par d'autres opérations de voirie et la création d'autres moyens de transport,* je crois avoir également à vous présenter des arguments décisifs.

» Vous savez, messieurs, combien, en raison de l'étendue de la ville de Londres, sont grandes les courses pour venir des divers points de ce périmètre au centre de la ville.

» Vous savez que les constructions à Londres ne sont pas agglomérées. Vous savez quelles sont les habitudes et les mœurs des Anglais.

» Toutes ces conditions d'existence sont-elles les mêmes pour les Parisiens?

» Voilà les principales questions qu'il faut encore se poser avant de décider la solution du problème si important qui nous occupe.

» Or, le succès et le développement des chemins de fer métropolitains à Londres ont été dus principalement, dit M. l'Inspecteur général Huet, dans le rapport précité :

» 1° A la grande étendue de la ville de Londres et par suite à l'éloignement des différents points de cette vaste métropole;

» 2° A l'humidité de son climat ;

» 3° Aux habitudes et à l'activité d'une population qui réside loin de ses affaires.

» Ces conditions sont-elles réunies à Paris?

» Non, et je vais le prouver.

» D'après des chiffres puisés à des sources officielles, et déjà cités ici par M. du Lin, la ville de Londres a une superficie de 350 kilomètres carrés; la population est de 3,243,000 habitants, soit 9,265 habitants par kilomètre carré.

» La ville de Paris a une surface de 80 kilomètres carrés seulement, pour une population de 2,156,000 habitants, soit 27,000 habitants par kilomètre carré.

» En ce qui concerne, Messieurs, l'humidité du climat de Londres, invoquée comme une cause de succès des métropolitains, nous avons l'avantage de ne pouvoir l'accepter pour Paris.

» En effet, que fait à l'habitant de Londres d'être sous terre au milieu de la vapeur, de la fumée, de l'obscurité ; il est dans les mêmes conditions sur terre.

» Mais, prenez le Parisien qui aime le jour, le soleil, la gaieté, la couleur autour de lui, et proposez-lui de le déranger de son chemin pour aller chercher, dans l'ombre, un moyen de transport qui sera un sépulcre anticipé, il refusera et préférera au besoin l'impériale d'un omnibus. Et j'estime sérieusement que le Parisien se servira peu ou point du Métropolitain souterrain, parce qu'il ne donnera satisfaction ni aux besoins de ses affaires, ni à ses goûts. »

M. le Président ayant fait remarquer, après cette communication, qu'il y avait dans l'esprit de tout le monde des hésitations et des craintes de la nature de celles que M. Richard vient de manifester, celui-ci ajoute :

« Il faut que nous sachions où nous allons et ce que nous ferons. Il ne faut pas se jeter, inconsidérément aujourd'hui, dans ce sol dangereux de Paris, qu'il faudra creuser profondément. Je crois que la question mérite une sérieuse attention. Il y a satisfaction à donner à l'habitant de Paris; il y a pour cela des moyens simples d'exécution rapide, que tout le monde pourra apprécier. Je crois que c'est comme cela qu'un projet doit être combiné; c'est avec cette marque-là qu'il sera utile à Paris. »

A ces considérations si précises et si nettes, nous ajouterons au sujet de la question financière :

Le Métropolitain souterrain ne formant que la prolongation des grandes lignes à l'intérieur de Paris et devant être en rapport constant avec elles et avec le Chemin de ceinture, il appartiendrait aux grandes Compagnies de chemins de fer, ainsi que cela a eu lieu pour la Ceinture, d'être chargées de sa construction et de son exploitation, si l'entreprise était financièrement possible.

Au sujet de la comparaison des conditions d'établissement du Métropolitain à Londres et à Paris, nous rappellerons que les lois anglaises n'autorisent pas l'expropriation, et quand bien même on aurait voulu installer le Métropolitain au-dessus du sol, on aurait rencontré des difficultés insurmontables.

Mais, terminons là les critiques que soulève le projet d'un Métropolitain souterrain, il est de ceux auxquels on peut appliquer justement ces belles paroles d'un savant professeur de l'École Centrale, M. de Comberousse :

« *Apprenons enfin à ne pas aller à l'étranger ou chez nous-même porter notre argent à des entreprises mort-nées ou sans profit pour le bien public et sachons le dépenser pour le bonheur de notre chère France.* »

Post-Scriptum. — Je ne dois point oublier de signaler, à la fin de ce mémoire, que, parmi les collaborateurs du présent projet, se trouve, au premier rang, M. E. Lantrax, ingénieur de la Compagnie de Fives-Lille, qui a bien voulu me prêter le concours précieux de son expérience dans ce genre de questions.

Paris, juillet 1884.

Jules GARNIER.

IMPRIMERIE CENTRALE DES CHEMINS DE FER. — IMPRIMERIE CHAIX. — RUE BERGÈRE 20, PARIS. — 25395-4

Emile Bourdelin

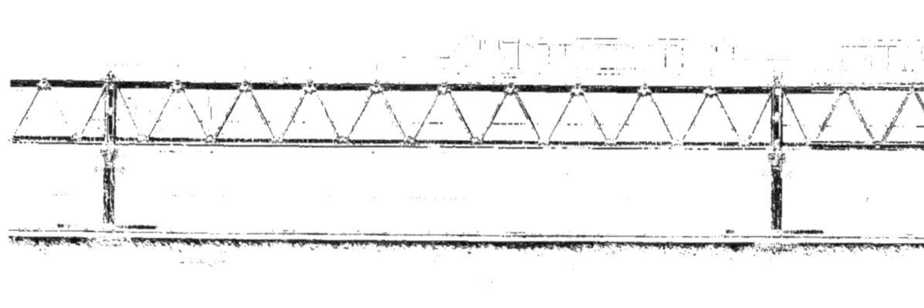

Élévation longitudinale du Viaduc

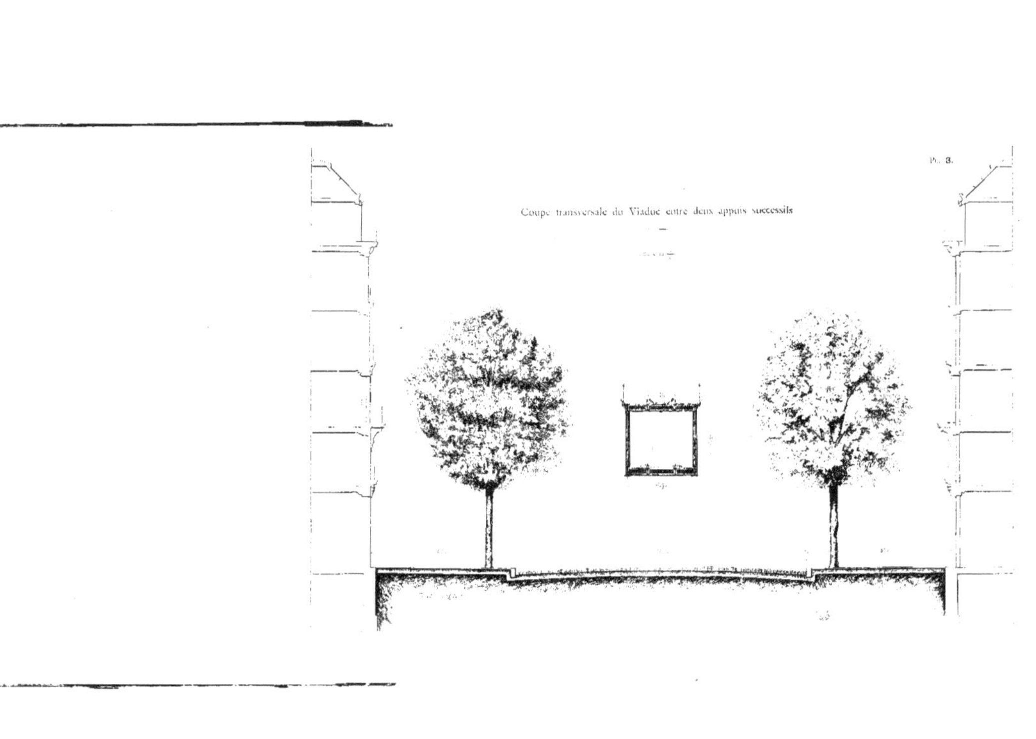

Coupe transversale du Viaduc entre deux appuis successifs

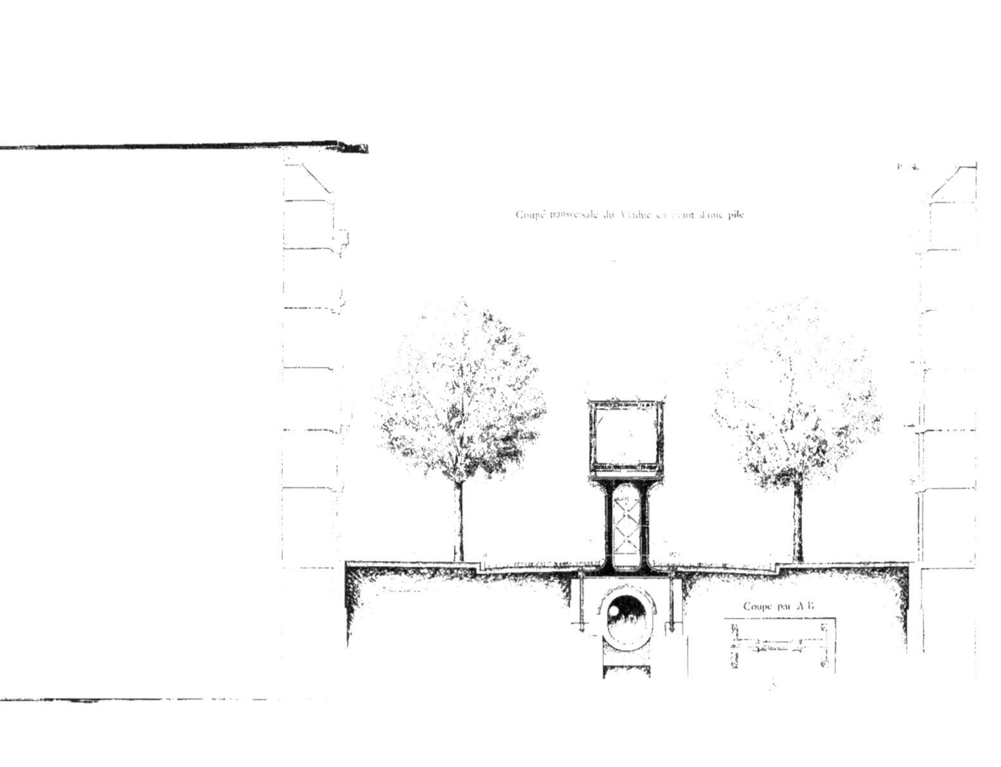

Coupe transversale du Viaduc en avant d'une pile
Coupe par A B

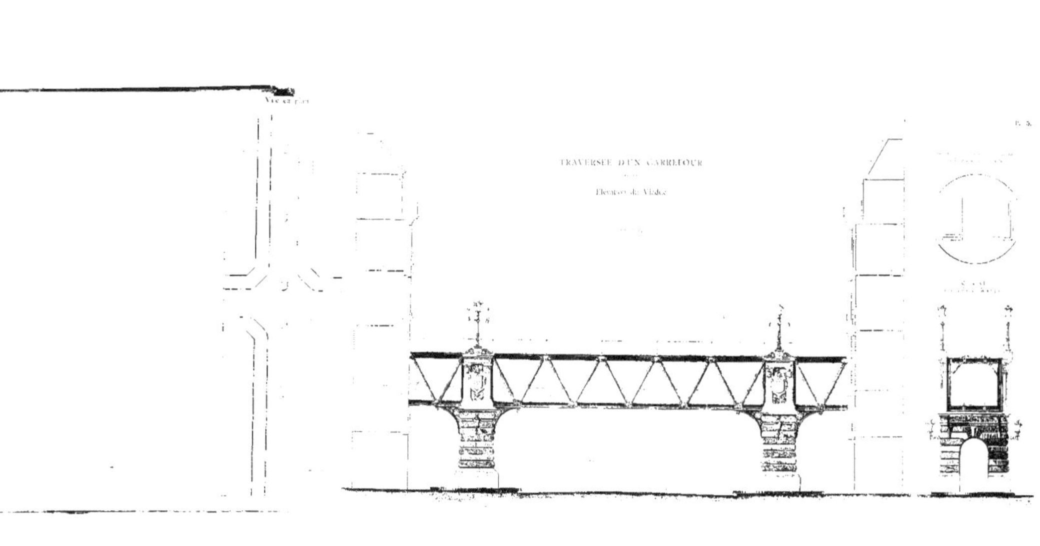

TRAVERSÉE D'UN CARREFOUR
Élévation du Viaduc

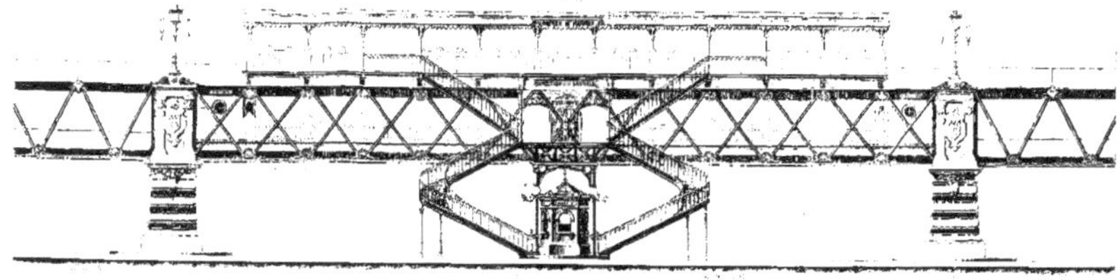

STATION
Élévation longitudinale

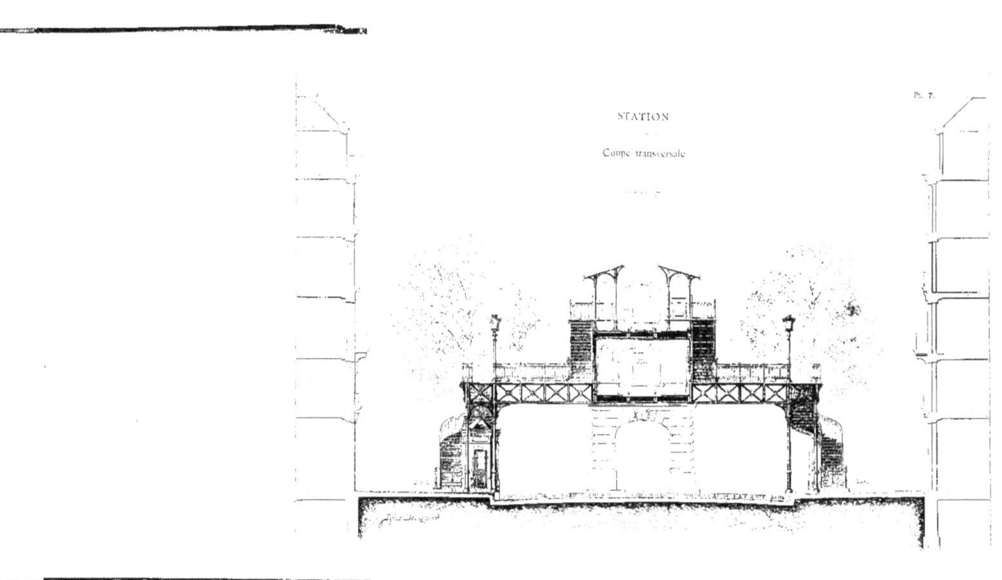

STATION
Coupe transversale

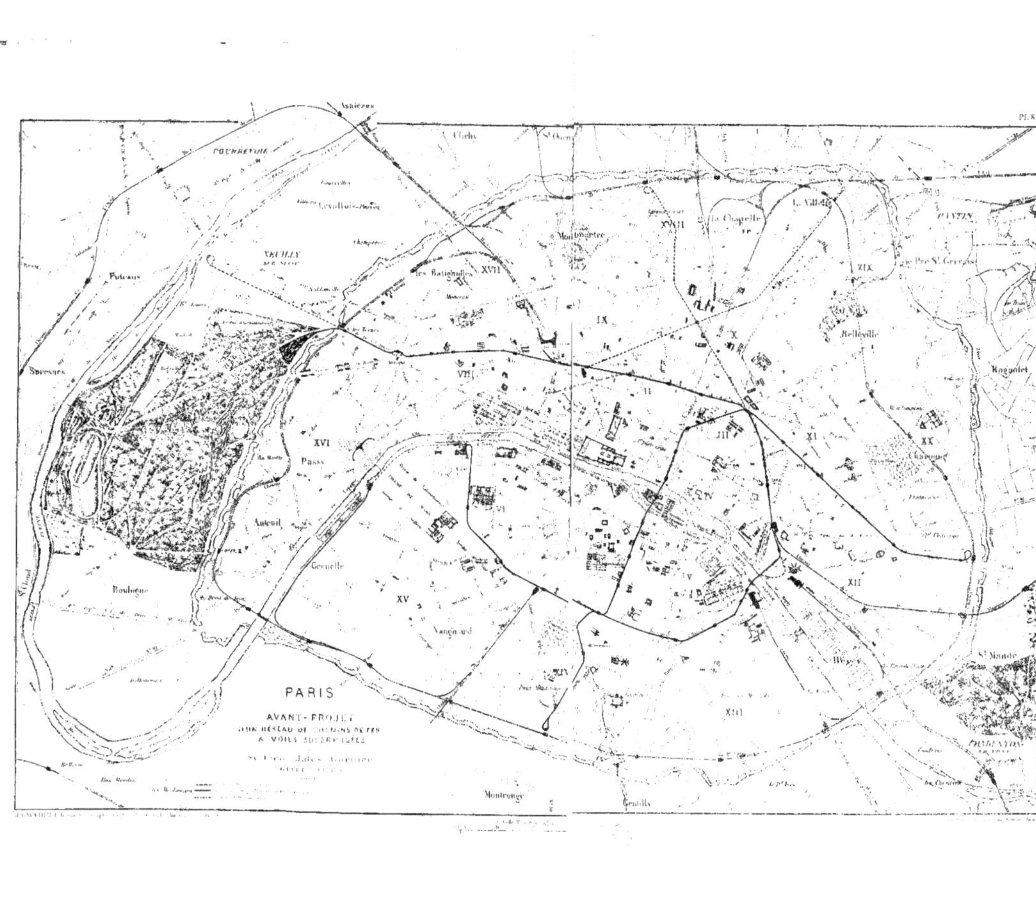

Pl. 8
PARIS
AVANT-PROJET
D'UN RÉSEAU DE CHEMINS DE FER
A VOIES SUPERPOSÉES
par Jules Garnier